陕西社科丛书

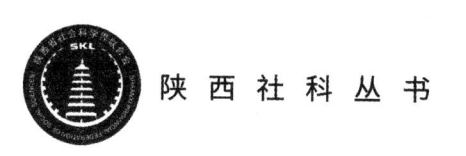

智能化时代的
国际安全范式转型

周意岷◎著

时事出版社
北京

教育部人文社会科学研究青年基金项目"贸易战背景下中国特色混合战争理论研究"（19YJCZH275）资助

陕西省社科著作出版资助项目"智能化时代的国际安全范式转型"（2025SKZZ007）资助

序

冷战结束后,国际安全形势加速演变。国家间的直接军事冲突减少,非国家行为体逐渐崭露头角,战争形态向多元化方向发展。2005年,美国前国防部长詹姆斯·马蒂斯与美国海军陆战队作战发展司令部研究员弗兰克·霍夫曼首次提出了"混合战争"的理念。随着战争的非对称性和信息化程度逐步加深,美国国防部在2010年版和2014年版《四年防务评估报告》中均提出将混合战争作为未来战争形态的研究重点,以应对"混合威胁"。各国逐渐意识到混合战争在现代战争中的重要性。俄罗斯在克里米亚的行动标志着混合战争发展到新阶段,非军事手段在战争中的比例不断上升,混合战争的界限由军事领域向外加速拓展。

受世界百年未有之大变局加速演进的影响,人工智能、大数据、无人机等新兴技术推动混合战争向智能化方向发展,国家间、国家与非国家行为体之间的竞争和冲突,不再使用单纯的军事手段,而是以多领域的力量博弈为特征,具有更强的非对称性、隐蔽性和复杂性。由于敌方身份和行动的模糊性,智能化混合战争可能在不同时间和空间展开,突破了陆、海、空等物理战场的局限,向信息领域和认知领域等维度延伸,并在先进技术的支持下实现对战场信息的实时收集、处理和共享,提高了快速决策和反应能力。混合战争的战场形态逐渐从单一转向双边甚至多边形态。

混合战争的兴起和发展给我国的国家安全带来了前所未有的挑

战。我国不仅要面对传统军事对抗的威胁,更要应对非传统的多样化威胁,尤其是信息战、舆论战、认知战等多方面的综合压力。各类非常规军事手段可能干扰我国的国土安全和军事战略部署,网络攻击会影响关键信息基础设施安全,贸易战、金融战等手段对我国的经济稳定和持续增长构成压力,通过各种媒体和社交平台传播的虚假信息不利于我国的国家形象建设和社会稳定。未来,混合战争将通过破坏国际秩序、侵蚀国家主权、威胁全球经济稳定以及制造全球性不安全感,逐步削弱现有的全球安全架构。其非对称性、隐蔽性和模糊性会导致世界部分地区安全形势恶化,在一定程度上影响我国周边安全和高质量共建"一带一路",并加剧大国在前沿技术等多个领域的竞争。

因此,我们应加强对混合战争的研究,深入分析混合战争的性质和实施手段,厘清混合战争在多领域、多维度对国家安全构成的全方位挑战,及时跟进现代战争形态的变化,提高战略决策的灵活性和应对复杂环境的能力,从而推动国家安全体系和能力现代化,避免被动应对国际局势中的突然冲击,为中国式现代化营造一个总体安全稳定的外部环境。

《智能化时代的国际安全范式转型》通过梳理新一轮科技革命和产业革命加快发展、国际力量对比更加平衡等世界百年未有之大变局的新趋势,归纳了混合战争逐步发展为智能化混合战争的表现和特征。在此基础上,从理论和实战两个层面分析了相关国家和组织在混合战争领域的政策方针、执行状况以及对国际安全的影响,并提出了中国的应对路径和方法。该书提出:人工智能作为"赋能者",使混合战争在信息识别和分析的速度、精度与效率上得到显著提升,推动了混合战争持续进化为智能化混合战争;结合六个具体案例,详细分析了混合战争的作战效能,特别是人工智能技术与混合战争结合后给作战双方力量对比带来的新变化,丰富了研究的广度和深度；从物理域、信息域和认知域三个维度，总结出智能化混合战争对国际安全的影响，并初步探究了非国家行为体在其中的角色以及与主权国家之间的竞争、合作关系。总之，该书在推动混合战争领域相关研究的发展上作出了贡献，为今后的研究拓展了路径。

随着技术的不断发展，混合战争的形态仍将持续演变。生成式人工智能、物联网、星链技术、脑机接口技术等新兴技术将进一步改变战争的面貌，带来更为复杂多样的攻击手段，甚至引发伦理和法律问题。所以，今后的混合战争研究既要关注颠覆性技术的迭代，更要研究不同国家的战略和战术差异，通过探索新的理论和实践路径，为维护国家安全和社会稳定作出贡献。

高祖贵

中共中央党校（国家行政学院）副教育长　主讲教授　博导

目 录

绪 论 …………………………………………………………（1）

第一章 世界百年未有之大变局的新趋势………………………（6）
 一、新一轮科技革命和产业革命加快发展 ……………………（7）
  （一）人工智能技术快速成熟 ………………………………（8）
  （二）互联网与数字经济持续发展 …………………………（9）
  （三）新兴产业相继崛起 ……………………………………（11）
 二、经济全球化与"逆全球化"现象并行 ……………………（12）
  （一）新一轮经济全球化深入发展 …………………………（13）
  （二）"逆全球化"趋势愈演愈烈 …………………………（15）
 三、国际力量对比更加平衡 ……………………………………（17）
  （一）传统发达国家经济下行态势明显 ……………………（18）
  （二）新兴经济体和发展中国家群体性崛起 ………………（20）
  （三）非国家行为体影响力上升 ……………………………（24）
 四、大国博弈加剧国际紧张局势 ………………………………（26）
  （一）大国互信削弱 …………………………………………（27）
  （二）地区冲突持续发酵 ……………………………………（28）
  （三）全球治理改革遭遇困境 ………………………………（30）

第二章　混合战争的兴起与演变……………………………（33）
一、混合战争的兴起……………………………………………（35）
（一）混合战争的内涵………………………………………（35）
（二）混合战争的特征………………………………………（37）
（三）混合战争的作战工具…………………………………（41）
二、混合战争进入"智能化"阶段……………………………（44）
（一）智能化混合战争及其特点……………………………（46）
（二）人工智能在混合战争中的角色定位…………………（50）
（三）人工智能在智能化混合战争中的应用路径…………（54）

第三章　世界主要国家和国际组织的混合战争理论……………（61）
一、美国混合战争理论…………………………………………（62）
（一）理论内涵………………………………………………（63）
（二）战略目标………………………………………………（67）
（三）实践手段………………………………………………（68）
二、俄罗斯混合战争理论………………………………………（72）
（一）理论内涵………………………………………………（73）
（二）战略目标………………………………………………（76）
（三）实践手段………………………………………………（79）
三、其他国家和国际组织的混合战争理论或政策……………（83）
（一）以色列混合战争理论…………………………………（83）
（二）北约应对混合战争的安全战略………………………（86）
（三）欧盟应对混合战争的安全机制………………………（88）

第四章　混合战争的作战效能……………………………………（92）
一、2014年克里米亚事件………………………………………（93）
（一）克里米亚事件的背景…………………………………（93）

（二）俄罗斯在克里米亚的混合战争行动 …………………（94）
　　（三）混合战争的综合效果 ………………………………（98）
二、2015 年俄罗斯介入叙利亚内战 ……………………………（98）
　　（一）叙利亚内战爆发 ……………………………………（98）
　　（二）俄罗斯在叙利亚的混合战争行动（2015—
　　　　　2018 年）……………………………………………（100）
　　（三）俄罗斯在叙利亚的收益 ……………………………（102）
三、2018 年中美贸易争端 ………………………………………（104）
　　（一）中美贸易争端的起因 ………………………………（104）
　　（二）中美贸易争端中的混合战争行动 …………………（106）
　　（三）中美贸易争端的影响 ………………………………（109）
四、2021 年巴以冲突 ……………………………………………（110）
　　（一）冲突导火索 …………………………………………（110）
　　（二）以色列的混合战争行动 ……………………………（111）
　　（三）冲突结果 ……………………………………………（114）
五、2022 年俄乌冲突 ……………………………………………（115）
　　（一）冲突爆发的背景 ……………………………………（115）
　　（二）俄乌混合战争交锋 …………………………………（116）
　　（三）俄乌冲突的后续发展 ………………………………（119）
六、2023 年巴以冲突 ……………………………………………（121）
　　（一）冲突导火索 …………………………………………（121）
　　（二）哈马斯的混合战争行动 ……………………………（122）
　　（三）以色列的反击行动 …………………………………（124）

第五章　混合战争对国际安全的影响 ……………………………（128）
一、物理域：国际混乱失序因素显著增加 ……………………（129）
　　（一）智能化混合战争抵消非对称优势 …………………（129）

（二）混合战争导致国际关系日趋紧张 …………………（132）
（三）混合战争破坏全球安全架构 ………………………（134）

二、信息域：从网络战攻防转向科技优势竞争 ……………（136）
（一）网络攻击日益频繁 …………………………………（136）
（二）科技优势竞争加剧 …………………………………（138）

三、认知域：认知战挑动国际社会撕裂 ……………………（141）
（一）人工智能提升认知战强度 …………………………（143）
（二）数字身份认同崛起 …………………………………（144）
（三）社会撕裂效应放大 …………………………………（145）
（四）主权国家与科技公司的规则博弈激烈 ……………（146）

第六章　以三大全球倡议应对混合战争 ……………………（149）

一、全球发展倡议：以共同发展防止混合战争蔓延 ………（150）
（一）缩小南北鸿沟应对贸易保护和科技霸凌 …………（151）
（二）增强发展中国家治理能力减少冲突根源 …………（153）

二、全球安全倡议：以普遍安全限制混合战争升级 ………（155）
（一）落实核心理念和原则化解混合战争的模糊性 ……（156）
（二）落实重点合作方向防范混合战争过度智能化 ……（157）
（三）落实合作平台和机制应对混合战争的多维性 ……（159）

三、全球文明倡议：以文明互鉴消除混合战争土壤 ………（160）
（一）尊重世界文明多样性对冲认知战影响 ……………（161）
（二）弘扬全人类共同价值超越霸权思维和冷战
　　　思维 …………………………………………………（162）
（三）加强国际人文交流合作增进政治互信 ……………（164）

四、落实三大全球倡议应对混合战争的实践路径 …………（165）
（一）落实全球发展倡议缓解紧张态势 …………………（166）
（二）落实全球安全倡议应对冲突风险 …………………（167）

（三）落实全球文明倡议消除冲突根源 ………………（168）

结　论 ……………………………………………………（171）

附录：相关国家和组织应对混合战争的政策文件（2005—2024年） ……………………………………………（174）

参考文献 ………………………………………………（177）

后　记 …………………………………………………（226）

绪 论

1945年7月,"曼哈顿计划"首席科学家罗伯特·奥本海默主导制造了世界上第一枚原子弹,开启了人类战争的新纪元。但是,他本人却对这一成就心有戚戚,并以印度教经典《薄伽梵歌》中的名句——现在我化为死神,变成世界的毁灭者——来形容自己。无独有偶,另一位著名物理学家阿尔伯特·爱因斯坦在面对原子弹的出现时,也做了类似论断:"我不知道第三次世界大战会使用什么武器,但是我知道第四次世界大战使用的武器肯定是石头和棍子。"

虽然当时的诸多有识之士都在各种场合表达了对核武器和人类命运的担忧,但讽刺的是,核武器出现后的半个多世纪,国际社会反而经历了一段相对和平时期。冷战期间,美苏两大超级大国之间形成了一种相互威慑状态——核恐怖平衡。由于双方都拥有足够的核武器,可以在遭受核攻击后进行二次核打击报复,从而确保对方不敢轻易发动核战争。这种战略威慑的逻辑是基于核武器的破坏力和发射的不可逆性,使得任何 方都不敢轻易使用核武器,因为这样做不仅无法获得最终胜利,反而会导致自身的灭亡。因此,核恐怖平衡在一定程度上维持了冷战时期的全球相对和平,避免了核战争的爆发。

然而,大国之间的相对和平并不意味着战争彻底消失。局部战争和冲突、内战、恐怖袭击等一直在世界多地轮番上演。据瑞典和印度学者统计,从公元前3200年到公元1964年,世界上共发生战争14513起，只有227年是和平的。而另一位匈牙利学者统计，二战后的37年间，世界上爆发470余起局部战争。值得注意的是，随着经济形态、政治形态、科学技术的发展，战争形态也在不断演变。尤其是进入21世纪，信息技术、无人机、人工智能等颠覆性技术与卫星、导弹、精确制导武器等装备相结合，实现了以信息为主导的战场管理，网络攻击、无人作战平台、认知战成为主要战术手段。战争不再局限于物理域，信息域和认知域成为新的战场，[①] 从而使得战争更加依赖信息技术和高科技装备。"战争的界限变得越来越模糊，很难再明确地区分。各种不同的杀伤性工具和战术，从简单到先进，将越来越多地被混合运用。"[②] 常规战争与非常规、非对称战争相互交织，进而演变成一种新的战争形态：混合战争。

混合战争的出现，不仅颠覆了传统战争的形式和进程，还催生了一系列全新的战争理论和战术手段。混合战争不仅是军事力量的较量，更是一场全面的、多维度的对抗，涵盖了经济、政治、信息、社会文化等多个领域。它将常规战争、非常规战争、心理战、网络战、信息战等多种手段结合在一起，形成一种难以预测和应对的混合态势。核大国在面对混合战争时，往往选择避免直接使用核武器，因为核战争的高风险性和不可控性使其不适合作为首选手段。相反，这些国家通过混合战争的形式，试图在不引发全面核冲突的情况下，更有效地达成自己的战略目标。它们利用混合战争的灵活性和多样性，通过经济制裁、网络攻击、代理人战争和信息战等方式，对敌对国家施加压力，削弱其内外部稳定性，从而实现自己的政治和军事意图。对于中小国家而言，混合战争提供了一种与大国对抗的新路径。在传统战争中，这些国家往往因为军事和经济实力的不足而

---

① 物理域是指物理实体（包括各类装备和人员）活动的领域；信息域是指信息产生、流通、交互的领域，可分为电磁空间和网络空间；认知域是指人的主观意识活动的领域。
② Robert M. Gates. A Balanced Strategy [J]. Foreign Affairs, 2009 (01): 2.

处于劣势。然而，混合战争的非对称性使得它们能够通过灵活运用有限的资源和手段，获取相对优势。这些国家利用混合战争的特点，通过宣传战、游击战、恐怖袭击以及网络攻击等手段，制造混乱、瓦解对方的统治基础，并且能够通过精心策划的心理战和信息战，争取国际舆论支持，打破大国的封锁和压迫。非国家行为体在混合战争中也扮演着日益重要的角色。这些行为体，包括恐怖组织、跨国犯罪集团、私人军事公司以及一些非政府组织，通过混合战争的形式，深入介入主权国家的政治军事博弈。它们利用非对称作战手段，挑战国家主权，试图重塑地区和全球权力格局。通过恐怖袭击、网络攻击、散布虚假信息等手段，这些非国家行为体不仅对国家安全构成威胁，还试图在国际舞台上赢得更重要的角色和地位。

国内对于混合战争的研究多是介绍和转述国外相关理论成果，但已有学者开始深入探讨混合战争对国际体系转型、国家安全和地区稳定、军事技术发展等重大问题的影响。今后国内学者的研究将呈现两方面发展趋势：一方面是进一步细化研究方向，考察混合战争的各方面影响及应对，尤其是颠覆性技术与混合战争相结合后的新变化；另一方面是从现实案例中汲取经验教训，思考适合我国国情的混合战争理论，以解决我国面临的安全问题。

国外的混合战争研究基本已经完成了理论建设，并将理论成果融入国防战略之中。下一步的重点：一是讨论混合战争的细节问题，如军种建设、常规军队与非常规作战力量如何配合、网络战策略、心理战策略等；二是寻找应对对方混合战争的策略手段，令对方的混合战争策略失效，以确保本国的安全和利益。

总之，已有研究成果在混合战争研究领域具有重要影响，它们涵盖了混合战争的定义、特点、战略战术以及实际应用。通过详细的理论分析、案例研究和政策建议，这些成果为学术界和政策制定者提供了丰富的知识和指导，推动了对混合战争的全面理解和应对策略的发展，不仅在学术研究中被广泛引用，还对实际军事和安全政策产生了深远影响，促进了各国提升对混合战争的防御和应对能力。

混合战争的复杂性和多样性，使得其影响远超传统战争的范畴。它不仅是军事手段的变革，更是全球政治、经济和社会格局变化的缩影。各国在应对混合战争时，必须发展更为综合的战略思维和应对措施，以适应这一日益复杂和多变的战争形态。当前，中国正处于实现中华民族伟大复兴的关键时期，面对严峻复杂的国际形势和艰巨繁重的国内改革发展稳定任务，我们应重视混合战争对国家安全的深刻影响，全面贯彻习近平总书记创造性提出的总体国家安全观，坚持党的领导、人民至上、胸怀天下、敢于斗争等党百年奋斗的历史经验总结，研究分析混合战争的相关议题，围绕推进国家安全体系和能力现代化，统筹好发展和安全，有效应对外部风险挑战，主动塑造有利外部环境，坚定维护国家主权、安全、发展利益，为中国式现代化提供坚强的安全保障。[①]

因此，本书的主题是混合战争加剧了全球范围内的矛盾冲突，威胁我国的国家安全，必须制定相应措施，积极应对。本书的六个部分围绕上述主题展开，逐一阐释了相应推论。

第一部分：混合战争的出现有其深刻的时代和社会背景，特别在世界百年未有之大变局下，国际格局发生明显变化，安全环境日趋复杂，世界各国以及非国家行为体面临混合威胁。

第二部分：自2005年首次提出混合战争的概念后，经过20年的发展，混合战争自身发生了一系列变化，由"大规模正规战争"和"小规模非正规战争"的混合，逐步演变为融合物理域、信息域和认知域的智能化混合战争。

---

① 中国共产党第二十届中央委员会第三次全体会议公报［EB/OL］. 新华社，2024-07-18. http：//www.news.cn/politics/leaders/20240718/a41ada3016874e358d5064bba05eba98/c.html.

第三部分：为应对混合战争对国家安全的威胁，美俄等大国的混合战争理论体系逐步形成，并各有侧重，推动混合战争的研究走向成熟；其他国家和国际组织，如以色列、北约、欧盟，对混合战争的研究也有部分理论成果。

第四部分：综合分析2014年克里米亚事件、2015年俄罗斯在叙利亚的混合作战行动、2018年中美贸易争端、2021年巴以冲突、2022年俄乌冲突、2023年巴以冲突，评估混合战争的实际作战效能。

第五部分：针对混合战争的主要作战领域，从物理域、信息域和认知域三个方面出发，分析混合战争频发给国际安全造成的影响。

第六部分：从总体国家安全观出发，探究中国应对混合战争的路径方法，通过落实全球发展倡议、全球安全倡议、全球文明倡议，消除混合战争产生的土壤，推动构建人类命运共同体，践行全人类共同价值。

第一章 世界百年未有之大变局的新趋势

"世界百年未有之大变局"是当今全球形势的一个重要概括，反映了全球在政治、经济、科技、军事和文化等多个领域所经历的深刻变革。这一变局的核心是全球格局的重塑，以及由此带来的前所未有的复杂性和不确定性。2017年12月，习近平主席在接见驻外使节工作会议上发表讲话，首次明确提出了"世界百年未有之大变局"的重要论断："放眼世界，我们面对的是百年未有之大变局。新世纪以来一大批新兴市场国家和发展中国家快速发展，世界多极化加速发展，国际格局日趋均衡，国际潮流大势不可逆转。"[1] 2021年7月1日，习近平总书记在庆祝中国共产党成立100周年大会上的讲话中进一步阐述百年未有之大变局与中华民族伟大复兴之间的关系："新的征程上，我们必须增强忧患意识、始终居安思危，贯彻总体国家安全观，统筹发展和安全，统筹中华民族伟大复兴战略全局和世界百年未有之大变局，深刻认识我国社会主要矛盾变化带来的新特征新要求，深刻认识错综复杂的国际环境带来的新矛盾新挑战。"[2]"世界百年未有之大变局"是对国际格局巨大变迁和国内治理出现综合难度的重要论断，"这样的大变局不是一时一事、一域一国之变，是世界之变、时代之变、历史之变"[3]。在此背景下，大变局与混合

---

[1] 习近平. 习近平谈治国理政：第三卷 [M]. 北京：外文出版社，2020：421.
[2] 习近平. 习近平谈治国理政：第四卷 [M]. 北京：外文出版社，2022：12.
[3] 习近平. 新发展阶段贯彻新发展理念必然要求构建新发展格局 [J]. 求是，2022 (17).

战争的兴起有着密切关系。

一、新一轮科技革命和产业革命加快发展

历史上,科技一直在人类社会的发展过程中扮演着重要角色,并且随着时代的演进而日益突出。第二次工业革命时期,科技的发展"创造了全新的工业,不但深深地影响西方人的生活方式,而且深深地影响他们的思想方式,还以无数方式直接和间接地影响整个世界,使欧洲对世界的霸权成为可能,并在很大程度上决定了这一霸权的性质和作用"。① 其中,最先完成工业革命的英国更是"改变了世界以及民族和国家彼此之间的关系。由于力量的原因,政治经济的目标和任务受到改变。于是,世界分作了一个领先者和一大批极不相同的追赶者"。② 进入21世纪,颠覆性技术的快速发展加大了科技在安全、经济、社会等领域的权重。信息技术的进步实现了全球即时通信,不同国家、不同组织的成员能够方便地进行交流、讨论和信息共享,进而加快了科技创新和技术传播的速度;算法、算力和大数据的发展提高了人工智能的信息处理和数据分析能力,分担了大量枯燥乏味的任务,将世界整体的科研水平推到了一个新的境界,新理论和新技术层出不穷。在这一背景下,包括信息技术在内的,各领域的最新科技将会相互融合:人工智能的发展会推动智能制造的进步,生物科技和纳米科技的创新会创造出计算能力更强的计算机,合成生物学、新能源技术将改变世界的产业格局。最终,

---

① [美]斯塔夫里阿诺斯著,吴象婴,梁赤民,董书慧,王昶译. 全球通史:从史前史到21世纪[M]. 北京:北京大学出版社,2006:486.
② [美]戴维·S. 兰德斯著,门洪华,安增才,董素华,孙春霞译. 国富国穷[M]. 北京:新华出版社,2010:251.

上述颠覆性技术将汇聚为一股强大的科技力量，深刻改变世界的发展面貌和基本格局。这场以智力革命为标志的变革，不仅在技术上实现了飞跃，更深刻地改变了人类的生产方式、生活方式和思维方式，标志着从"赋能"到"赋智"的根本转变。

（一）人工智能技术快速成熟

1950 年，阿兰·图灵在《计算机器与智能》一文中提出了人工智能的构想，并设计了一项用于判定机器是否能够思考的实验方法：图灵测试。限于计算机硬件设备和算法水平，人工智能概念诞生后的 30 多年内一直没有取得实质性进展。1997 年，IBM 公司设计的计算机"深蓝"在国际象棋比赛中战胜世界冠军加里·卡斯帕罗夫，标志着人工智能技术取得了里程碑式的突破。2010 年以后，芯片制造、5G 传输、大数据三项技术的发展极大推动了人工智能的发展进程。在图像识别领域，"最先进的人工智能技术让识别错误率从 2011 年的 26% 降至 2015 年的 3.5%。相比之下，人类的识别错误率大约在 5% 左右"[1]。2017 年 5 月，谷歌公司开发的人工智能机器人"阿尔法围棋"（Alpha GO）在围棋比赛中战胜世界冠军柯洁，标志着人工智能在围棋这一复杂思维领域超越人类。2021 年 5 月，谷歌公司宣布将在 2029 年之前完成商用量子计算机的开发。2022 年 11 月，OpenAI 发布人工智能对话聊天机器人 ChatGPT（Chat Generative Pre-trained Transformer），能够基于算法、模型、规则生成文本、图片、声音、视频、代码等原创内容，生成式人工智能成为全球科技热点。2024 年 2 月，OpenAI 发布人工智能文生视频大模型 Sora，可以根据用

---

[1] Executive Office of the President, National Science and Technology Council, Committee on Technology. Preparing for the Future of Artificial Intelligence [R], October 2016: 13.

户的文本提示创建最长 60 秒的逼真视频，不但能够深度模拟真实物理世界，而且能生成具有多个角色、包含特定运动的复杂场景，标志着人工智能在理解真实世界场景并与之互动的能力方面实现飞跃。

随着计算能力的增强和专用硬件（如 GPU、TPU）的发展，人工智能模型的训练和推理速度大大提高；算法的不断优化使得人工智能在图像识别、语音识别、自然语言处理等领域表现卓越，接近甚至超越人类水平，具备了为各行业赋能的条件。人工智能的应用提高了各行业的生产力，推动了经济增长，与之相关的产业快速发展，带动了大量新兴岗位的产生，促进了传统制造业向智能制造转型升级。根据国际机器人联合会（IFR）的统计，2022 年，全球工厂安装的工业机器人数量为 55.3052 万台，按地区划分，新部署的机器人中有 73% 安装在亚洲，有 15% 在欧洲，有 10% 在美洲。[①] 与此同时，全球人工智能市场规模持续扩大，吸引了大量投资和资源投入。市场研究公司 Statista 的数据显示：全球人工智能市场预计从 2020 年的约 327 亿美元增长到 2025 年的约 1260 亿美元，年均增长率约为 30.9%；2020 年约 37% 的企业已在其业务中采用了人工智能技术，预计到 2025 年这一比例将上升至 75%。未来，人工智能技术将强化自动化机器学习（Auto ML）、模型压缩和优化技术，提升模型性能和部署效率；发展多模态技术，融合视觉、听觉、语言等多种感知能力；探索人机协同工作模式，增强人工智能系统与人类的互动和协作能力。

（二）互联网与数字经济持续发展

2018 年以来，上网设备多样化、入网方式便捷化、网络资源多样

[①] International Federation of Robotics（IFR）. World Robotics Report 2022［R/OL］. 2023-09-26. https://ifr.org/worldrobotics.

化成为互联网发展的大趋势。国际电信联盟（ITU）的数据显示，截至 2022 年，全球互联网用户人数已超过 48 亿，占全球人口的 62%。[①] 互联网普及率在发展中国家和地区持续上升。例如，非洲的互联网普及率从 2018 年的 25% 增加到 2022 年的 36%。与 20 世纪 90 年代和 21 世纪初的互联网用户构成不同的是，2018—2022 年移动互联网用户数量大幅增加。全球移动通信系统协会（GSMA）指出：全球移动互联网用户从 2018 年的 42 亿人增加到 2021 年的 48 亿人；全球移动数据流量从 2018 年的 30 EB（艾字节）增加到 2022 年的 120 EB。移动互联网的普及直接改变了人们的商业行为和社交方式，数字经济持续繁荣。

根据 Statista 公司以及维奥思社（We Are Social）的报告显示：全球电子商务市场规模从 2018 年的 2.93 万亿美元增长到 2022 年的 5.55 万亿美元；全球云计算市场规模从 2018 年的 1824 亿美元增长到 2022 年的 4946 亿美元；全球在线购物用户数量从 2018 年的 18 亿人增加到 2022 年的 26 亿人；2021 年全球数字支付交易额达到 7.6 万亿美元，比 2018 年增长了近一倍；全球视频流媒体用户数量从 2018 年的 7 亿人增加到 2022 年的 13 亿人。受其影响，投身数字经济的企业获得了千载难逢的发展机遇。全球市值最高的公司中，科技巨头占据主导地位，苹果、亚马逊、微软、谷歌和脸书的市值在 2021 年均超过 1 万亿美元；全球数字广告支出从 2018 年的 2830 亿美元增长到 2022 年的 4910 亿美元，占全球广告市场的份额 63%；世界头部流媒体平台，如 Netflix、Disney+ 和 Amazon Prime Video 的用户数量和收入大幅增长，视频流媒体市场规模从 2018 年的 340 亿美元增长到 2022 年的 724 亿美元。随着 5G 网络的普及和 6G 网络的研发，互联网将向物联网（IoT）方向演进。全球物联网设备数量预

---

① ITU. ICT Facts and Figures 2023 [EB/OL]. 2023. https://www.itu.int/itu-d/reports/statistics/facts-figures-2023/index/.

计将从 2020 年的约 80 亿个增长到 2030 年的超过 300 亿个；物联网市场规模预计将在 2025 年达到 1.1 万亿美元，年均增长率约为 25.4%。物联网设备的普及将会促进智慧城市、智能家居、工业物联网等应用蓬勃发展，推动传统行业继续完成数字化、智能化转型。

（三）新兴产业相继崛起

新一轮科技革命和产业革命在多个领域表现出强劲的增长势头和深远的影响，除了人工智能和数字经济的发展，生物科技、新能源等新兴产业的崛起也是重要标志。这些新兴产业的出现不仅推动了经济增长，而且改变着人们的生活方式和生产方式。各国和企业在这一变革中需积极适应和创新，以抓住未来的发展机遇。画书（Pitch Book）及相关国际组织的研究表明，新兴产业（如生物医药、环保技术、智能制造等）在全球经济中的比重预计将在 2030 年达到 30%。

在新能源领域，国际能源署（IEA）的统计数据显示：全球可再生能源市场规模从 2018 年的 1.7 万亿美元增加到 2022 年的 2.5 万亿美元，太阳能和风能等技术的安装容量和投资金额持续增长；2023 年全球可再生能源在电力供应中的占比为 30%，预计到 2030 年将超过 50%；全球电动汽车销量从 2018 年的 200 万辆增长到 2023 年的 1060 万辆。在生物技术领域，基因编辑、mRNA 疫苗、合成生物学等技术取得了突破，推动了生物医药、农业和环境领域的创新。全球生物技术市场规模从 2018 年的 4000 亿美元增长到 2022 年的 7500 亿美元，涵盖基因编辑、合成生物学和精准医疗等领域，预计 2028 年将达到 2.44 万亿美元，年均增长率约为 21%。新兴产业的崛起显示出强大的发展潜力，从而吸引了大量的风险投资。2021 年全球风险投资总额达到近 6200 亿美元，其中相当一部分流向了新兴技术和初创企业，如 Rivian 和 Airbnb 等新兴产业公司上市之初，就筹集了数十亿美元的资金。资金的大量涌入影响了市场的资源配置，数据科学、生物技术、新能源领域的专业人才需求大幅增加，创造出一批新的就业岗位。比如，新能源和环保产业的发展带来了大量绿色就业机会，包括太阳能安装工人、风能技术员和电动汽车制造工人等。

未来，新兴技术之间的相互融合和跨领域应用是科技革命的核心特征。人工智能、物联网、大数据、区块链等技术相互交织，共同推动了各行各业的创新和变革。其中，数据作为关键生产要素，将成为驱动创新的重要力量。通过大数据分析、人工智能模型训练等手段，企业和组织能够更精准地进行决策和优化流程，大幅提高生产效率和生产力。因此，国际数据公司预测，全球数据总量将在2025年达到175ZB（泽字节），相比2018年的33ZB大幅增长，年均增长率接近30%。新一轮科技革命和产业革命不仅会改变社会经济的运行方式，还将影响全球生产和生活方式，加剧主权国家和非国家行为体对科技主导权的争夺。

二、经济全球化与"逆全球化"现象并行

在百年未有之大变局下，全球经济发展呈现出新的特征和变化。一方面，经济全球化持续快速发展，为世界经济发展提供了强劲动力，"促成了商品大流通、贸易大繁荣、投资大便利、资本大重组、技术大发展、人员大流动，形成了包括越来越多国家的全球产业链、价值链、供应链"[①]。另一方面，逆全球化趋势愈演愈烈，国际范围内贸易和投资保护主义倾向抬头，国际经贸规则制定出现政治化、碎片化的风险挑战，部分国家开始谋求重组全球价值链和产业链。

---

① 高祖贵. 世界百年未有之大变局的丰富内涵［N］. 学习时报，2019-01-21，A01 版.

虽然各国都在积极探索经济全球化的新动力、新思路、新模式，经济全球化仍是大势所趋，但是经济全球化进程与逆全球化趋势并行将成为全球经济在未来一段时期内的特殊现象。

（一）新一轮经济全球化深入发展

经济全球化是指在生产不断发展、科技加速进步、社会分工和国际分工不断深化、生产的社会化和国际化程度不断提高的情况下，经济活动在全球范围内扩展和深化，形成一个相互依赖、相互联系的全球经济网络。这个过程涉及商品、服务、资本、技术和信息的跨国流动，以及生产要素的全球配置。它包括生产、贸易、投资、金融、技术等方面的国际化和全球一体化。

经济全球化的最早形态可以追溯到古代亚欧大陆东西两端之间的商贸往来。秦汉之际，古代中国与中亚、中东地区之间就已经有了初步的贸易联系。汉武帝时，张骞"凿空"西域，丝绸之路正式成为亚欧最重要的国际贸易通道，连接了中国与中亚、波斯、阿拉伯和欧洲各国，实现了商品、文化和技术的交流。唐宋之后，海上丝绸之路的开通进一步繁荣了东西方之间的贸易和人员往来。15世纪大航海时代到来，东西方新航路的开辟和美洲大陆的发现，开启了全球化进程的新阶段。欧洲殖民者在世界范围内从事商品贸易、奴隶贸易和殖民扩张；西班牙和葡萄牙通过海上贸易建立了全球贸易网络，荷兰、英国和法国等国随即加入，跨国贸易迅速发展，商品、人口和文化开始在全球范围内流动。工业革命成为经济全球化的另一大助力，蒸汽机的发明和铁路的建设使得商品和人员的运输更加便捷和高效，全球贸易量显著增加；跨国公司开始出现，国际投资和金融市场也逐渐发展起来。欧美列强通过殖民扩张和经济控制，将全球各地纳入其经济体系，形成了初步的全球经济网络。马克思、恩格斯在《共产党宣言》中指出:"资产阶级,由于开拓了世界市场,使一切国家的生产和消费都成为世界性的了。"① 20 世纪 90 年代,"随着冷战结束,两大阵营对立局面不复存在,两个平行的市场随之不复存在,各国相互依存大幅加强,经济全球化快速发展演化"②。由于更多国家融入全球经济体系,技术、资本、商品等真正实现了全球范围的流动,各国之间的经济联系日益密切,相互合作、相互依存大大加强,世界真正进入经济全球化时代。与此同时,信息技术革命带来了计算机和互联网的普及,极大地促进了信息和技术的全球传播;跨国公司成为全球经济的主导力量,全球生产网络和供应链逐步形成;国际金融市场也实现了高度一体化,资本在全球范围内自由流动。

21 世纪,经济全球化继续深入发展,使世界"变平"的"10大因素开始汇合,共同创造了一个全新的世界平台;新的世界平台和新的经营方式结合;当变平过程全部展开时,世界各地几十亿人走上竞争场地,与其他人开展竞争与合作"③。第一,生产全球化。国际产业分工蓬勃发展,经历了由产业间分工到产业内分工的变化,最终借助信息技术构建起国际生产网络。"国际生产网络是国际产业分工发展的高级形态。这种产业分工既不是产业之间的分工(如制造业与初级产品制造业之间的分工),也不是产业内部之间的分工(如汽车产业内部高档车和中低档车之间的分工)。这种产业分工是着眼于一个产品或服务的全球价值增值链,在不同生产阶段、不同经营功能或不同业务性质上的分工……在该网络中,跨国公司甚至将某些产品的生产和制造功能都转移到其他国家,而只控制了该产

---

① 中共中央马克思恩格斯列宁斯大林著作编译局编译. 马克思恩格斯选集:第一卷 [M]. 北京:人民出版社,2012:404.
② 习近平. 习近平谈治国理政:第二卷 [M]. 北京:外文出版社,2017:211.
③ [美] 托马斯·弗里德曼著, 何帆, 肖莹莹, 郝正非译. 世界是平的 [M]. 长沙:湖南科学技术出版社,2006:117.

品的品牌和营销渠道。另外一些跨国公司则将自己的核心业务定位在产品的研究和开发上。还有的几乎将所有的生产和经营功能都转包出去。"① 第二，贸易全球化。受到国际产业分工的影响，全球贸易达到前所未有的新高度。由于整个生产流程是一个原料、能源、配件在不同国家间的调运和分配过程，所以全球贸易额不断攀升。世界银行的数据显示：2023 年，全球货物和服务出口总额达到 30.86 万亿美元，比 2018 年增长 122.17%；全球货物和服务进口总额达到 30.23 万亿美元，比 2018 年增长 122.44%。② 第三，金融全球化。现代金融主要通过三种方式向其他经济部门提供服务，即信贷供应、流动性供应以及风险管理，并以此构筑起保障经济正常运行的金融体系。③ 所以，当生产和贸易开始在全球范围内扩展时，作为其重要支柱的金融服务也走向全球化。金融全球化，"是指国家或地区在金融业务、金融市场、金融政策与法律等方面跨越国界而相互依赖、相互影响、逐步融合的趋势，表现为货币体系、资本流动、金融市场、金融信息流动、金融机构等要素的全球化以及金融政策与法律制度的全球化等"④，某种程度上讲，其是生产全球化和贸易全球化的要求和结果。金融全球化加快了资本在不同国家、不同地区和不同领域间的流动，为经济、贸易的发展提供了巨大支持。

(二) "逆全球化"趋势愈演愈烈

经济全球化在促进经济发展的同时也带来了一些负面影响，包

---

① 沈志渔，罗仲伟. 经济全球化对国际产业分工的影响 [J]. 新视野，2006 (06)：26.
② Databank [EB/OL]. The World Bank. https://data.worldbank.org.cn/.
③ Martin Neil Baily, Douglas J. Elliott. The Role of Finance in the Economy: Implications for Structural Reform of the Financial Sector [J]. The Brookings Institution, 2013：6.
④ 何焰. 金融全球化与国际金融法——兼论中国金融法治之因应 [J]. 世界经济与政治，2003 (09)：76.

括：发达国家与发展中国家在经济全球化进程中的地位和收益不平等、不平衡；加剧了发展中国家资源短缺和环境污染；一定程度上增加了经济风险的传导效应。所以，自1999年西雅图抗议运动以后，"反全球化"的运动一直层出不穷，尤其是一部分未能在经济全球化中获益的地区、国家或者群体。2001年，反资本主义全球化组织"聚焦全球南方"的创始人沃尔登·贝洛提出了"逆全球化"的概念，并于2002年在《逆全球化：探寻一种新的世界经济》一书中进行了系统论述。然而，贝洛的"逆全球化"理论是站在发展中国家的立场上，强调地方和国家的赋权与全球经济治理体系的多边主义建构，反思资本主义全球化，主张建立保护发展中国家的"地方化"与多边主义"调节"的内在统一体，与今天的"逆全球化"趋势在内涵上完全不同。

2008年金融危机以来，资本主义国家普遍采取的新自由主义政策在理论和实践上破产，而新兴市场国家的经济表现亮眼。两相对照之下，金融垄断资本为了自身的利益和安全诉求，以及安抚本国中产阶层和工人阶级对经济全球化的不满，开始采取阻碍经济全球化的措施。首先，采取贸易保护主义和单边主义政策，减少国际贸易、投资和人员流动。部分发达国家为了保护国内市场和既得利益，要么直接打着"消除贸易逆差"的旗号，无视国际分工的差异，以提高关税等手段"极限施压"；要么"运用司法和行政部门的专项权力，通过强制性的技术法规，制定更加严格的技术标准，提出对进口产品的特殊要求"[1]。其次，建立排他性经济贸易组织。部分发达国家以价值观相同或相近为标准，实施"小院高墙"策略，在经济、技术等领域内自我封闭，限制发展中国家参与交流合作，保护

---

[1] 谈民宪.非关税壁垒：理论与现实的沿革和变迁[J].当代经济科学，2006，28（05）：120.

本国市场和企业免受国际竞争的冲击。最后，谋求全球价值链重构。部分发达国家为了减少对单一国家或地区的依赖，在全球范围内重新配置生产和供应链资源，强迫本国企业逐渐转向更本地化或区域化的生产方式，并努力将制造业迁回本国。2020年，美国制造业投资回流达到了1150亿美元，并带来了超过100万个制造业工作岗位。苹果公司近年来逐步将部分生产从中国转移到印度和越南，计划到2025年将在印度的生产份额从2020年的不足5%提高到20%以上。宜家和阿迪达斯等欧洲企业，以减少碳足迹为由，逐步将供应链转向欧洲内部。

"经济全球化确实带来了新问题，但我们不能就此把经济全球化一棍子打死，而是要适应和引导好经济全球化，消解经济全球化的负面影响，让它更好惠及每个国家、每个民族。"[①] 必须看到，当今困扰世界的很多问题，并不是经济全球化造成的。"把困扰世界的问题简单归咎于经济全球化，既不符合事实，也无助于问题解决。"[②] "今天的问题不在于要不要'全球化'，也不在于究竟是'逆全球化'还是'再全球化'，而在于面对经济全球化这一不可逆转的历史趋势，应该如何共同应对全球治理挑战，共同开创人类美好未来。"[③]

三、国际力量对比更加平衡

1991年苏联解体后，冷战期间形成的两极体系正式终结，国际

---

① 习近平. 习近平谈治国理政：第二卷[M]. 北京：外文出版社，2017：478.
② 习近平. 习近平谈治国理政：第二卷[M]. 北京：外文出版社，2017：477.
③ 周嘉昕. "全球化""反全球化""逆全球化"概念再考察[J]. 南京社会科学，2024(04)：20-26.

社会进入"一超多强"时代（有部分学者认为是"单极"时代）。然而，信息技术革命以及随之而来的产业革命加快了国际力量对比的变化。国际政治的权力格局正在从单极中心向多极分布扩散，各个中心之间的力量差距逐渐缩小，西方发达国家的主导地位也在持续减弱，多极化趋势愈加明显。2008年国际金融危机以后，多极化趋势在各个层面和领域不断扩展，广度和深度持续增加，使得国际力量对比日趋平衡。美国一超独大的格局逐渐被取代；新兴国家和地区性大国以及国家集团，如中国、印度、俄罗斯、欧盟等，逐渐崛起成多个权力中心；非国家行为体在新科技革命的加持下，实力和影响力显著增强。反过来，经济力量和大国力量对比的变化又成为百年未有之大变局的推动力，二者形成相互作用、相互促进的格局。

（一）传统发达国家经济下行态势明显

2008年国际金融危机以来，西方主要经济体采取各种措施应对危机，暂时避免了金融秩序崩溃，但是经济增长动能减弱、经济复苏乏力，具体表现为：虚拟经济与实体经济发展失衡，福利风险增加，债务负担加重。根据世界银行的数据（详见表1-1），按照汇率法计算，2012年西方七国（美国、加拿大、德国、法国、英国、意大利、日本）的国内生产总值合计为35.36万亿美元，占世界总量的46.77%；2023年西方七国的国内生产总值合计为46.79万亿美元，占世界总量的44.38%。其中，美国由于在新一轮科技革命和产业革命中获利较多，加上美元的货币优势，国内生产总值整体呈现上升趋势，2023年的国内生产总值为27.36万亿美元，占世界总量的25.95%。根据美国经济分析局（BEA）发布的《国民收入和产品账户》（NIPA）显示：1960年，美国制造业占国内生产总值的比重为27.0%，广义金融业占国内生产总值的比重为14.5%。2024年7月，美国经济分析局发布的《分行业GDP》（GDP by Industry）报告显示：2023年，美国制造业占国内生产总值的比重为10.8%，广义金融业占国内生产总值的比重为21.4%。虽然特朗普政府实施了制造业回流政策，但是经济虚拟化和产业空心化的趋势并未扭转。相比之下，其他六国的经济发展则相对停滞，对新科技革命的参与度不足，导致经济增速多年在正负值之间徘徊，国内生产总值合计占世界总量的比重由2012年的25.28%下降到2023年的18.43%。①

2024年8月5日，亚洲股市全线暴跌，其中日经指数周一收盘下跌12.4%，创下自1987年以来的最大单日降幅；韩国综合股价指数在收盘重挫8.77%，并一度触发熔断机制；台湾地区股市也暴跌8.35%，创有纪录以来最大单日跌幅，加权指数跌穿20000点。导致股市暴跌的根源在于美国8月2日发布的弱于预期的就业数据引发了人们对美国经济疲软的担忧。美国官方就业数据显示，2024年7月，美国雇主新增就业岗位11.4万个，远低于预期。美国平均每月新增就业岗位约为15万个，失业率跃升至4.3%。因此，国际货币基金组织将美国2024年经济增速预期下调至2.6%，慢于2024年初的预期；同时将2025年的经济增速预期下调至1.9%。欧元区的经济活动似乎略有回升，但是在俄乌冲突的影响下，欧元区通货膨胀压力和信贷成本持续加大，部分成员国债务风险上升，所以2024年的经济增速预期只是小幅回调0.1个百分点，达到0.9%。日本受困于供给扰动和私人投资疲软，2024年经济增速预期也相应下调了0.2个百分点。②

近年来，一方面发达经济体内部的社会经济问题日渐突出，进

---

① Databank [EB/OL]. The World Bank. https：//data.worldbank.org.cn/indicator.
② IMF. World Economic Outlook [R]. 2024.

一步阻碍了经济增长。欧美国家民众对非法移民、失业率上升等问题的不满情绪激化，导致部分欧洲国家的极右翼政党势头泛起，社会群体性事件随着社会矛盾积聚、淤积难解的社会问题激化而逐渐增多。2021—2024 年，美国、法国、英国的多座城市爆发游行示威，甚至一度演变为骚乱和冲突，严重威胁社会稳定。另一方面，发达经济体的贫富差距不断扩大，中产阶层萎缩，社会各阶层之间的流动性正在消失。2021 年 6 月，美国 60% 的中产阶层所拥有的财富，在国家总财富中的占比已经跌至近 27%，创 30 年来新低；而收入前 1% 的群体却拥有 27% 的国家财富。

（二）新兴经济体和发展中国家群体性崛起

自 19 世纪工业革命以后，科技和现代化在全球范围内呈现出加速扩散的状态，半边缘和边缘地区逐步被卷入全球化的大潮之中。信息革命造成的商业平坦化和信息传播即时化更是加快了这一进程，促进了安全、经济、金融、信息等结构性权力的扩散。受其影响，以新兴经济体为代表的发展中国家的实力迅速上升，与发达经济体的差距逐步缩小。

2012—2023 年，当发达经济体陷入经济发展失速、债务负担持续攀升的困境时，金砖国家（中国、俄罗斯、印度、巴西、南非、埃及、埃塞俄比亚、伊朗、沙特、阿联酋）承担起世界经济增长"发动机"的重任，对世界经济增长的贡献率超过 80%，实现了群体性崛起。如果按照汇率法计算（详见表 1-1），金砖国家的国内生产总值合计从 2012 年的 17.55 万亿美元增长到 2023 年的 28.44 万亿美元，占世界总量的比重从 23.21% 上升到 26.97%。虽然在体量上与发达经济体仍有差距，但是增速更高，对世界经济增长的贡献

表1-1 西方七国和金砖国家国内生产总值及占世界总量的比例

(单位：万亿美元)

	2012年	2013年	2014年	2015年	2016年	2017年	2018年	2019年	2020年	2021年	2022年	2023年
世界	75.61	77.71	78.94	75.28	76.52	81.48	86.54	87.78	85.27	97.15	100.88	105.44
美国	16.25 21.49%	16.84 21.67%	17.55 22.23%	18.21 24.18%	18.7 24.44%	19.48 23.80%	20.53 23.72%	21.38 24.35%	21.06 24.70%	23.32 24.00%	25.44 25.21%	27.36 25.95%
加拿大	1.83 2.42%	1.85 2.38%	1.81 2.29%	1.56 2.07%	1.53 2.00%	1.65 2.03%	1.73 2.00%	1.74 1.98%	1.66 1.95%	2.01 2.07%	2.16 2.14%	2.14 2.03%
德国	3.53 4.67%	3.73 4.80%	3.89 4.93%	3.36 4.46%	3.47 4.53%	3.69 4.53%	3.97 4.59%	3.89 4.43%	3.89 4.56%	4.28 4.41%	4.08 4.04%	4.46 4.23%
法国	2.68 3.57%	2.81 3.62%	2.86 3.62%	2.44 3.24%	2.47 3.23%	2.6 3.19%	2.79 3.22%	2.73 3.11%	2.65 3.11%	2.96 3.15%	2.78 2.76%	3.03 2.87%
英国	2.71 3.58%	2.78 3.58%	3.06 3.88%	2.93 3.89%	2.69 3.52%	2.68 3.29%	2.87 3.32%	2.85 3.25%	2.7 3.17%	3.14 3.23%	3.09 3.06%	3.34 3.17%
意大利	2.09 2.76%	2.14 2.75%	2.16 2.74%	1.84 2.44%	1.88 2.46%	1.96 2.41%	2.09 2.42%	2.01 2.29%	1.9 2.23%	2.16 2.22%	2.05 2.03%	2.25 2.13%
日本	6.27 8.29%	5.21 6.70%	4.9 6.21%	4.44 5.90%	5 6.53%	4.93 6.05%	5.04 5.82%	5.12 5.83%	5.06 5.93%	5.03 5.18%	4.26 4.22%	4.21 3.99%
西方七国合计	35.36 46.77%	35.36 45.50%	36.23 45.90%	34.78 46.20%	35.74 46.71%	36.99 45.40%	39.02 45.09%	39.72 45.25%	38.92 45.64%	42.90 44.16%	43.86 43.48%	46.79 44.38%

续表

	2012年	2013年	2014年	2015年	2016年	2017年	2018年	2019年	2020年	2021年	2022年	2023年
中国	8.53 11.28%	9.57 12.32%	10.48 13.28%	11.06 14.69%	11.23 14.68%	12.31 15.11%	13.89 16.05%	14.28 16.27%	14.69 17.23%	17.82 18.34%	17.96 17.80%	17.79 16.87%
俄罗斯	2.21 2.92%	2.29 2.95%	2.06 2.61%	1.36 1.81%	1.28 1.67%	1.57 1.93%	1.66 1.92%	1.69 1.93%	1.49 1.75%	1.84 1.89%	2.24 2.22%	2.02 1.92%
印度	1.83 2.42%	1.86 2.39%	2.04 2.58%	2.1 2.79%	2.29 2.99%	2.65 3.25%	2.7 3.12%	2.84 3.24%	2.67 3.13%	3.15 3.24%	3.42 3.39%	3.55 3.37%
巴西	2.47 3.27%	2.47 3.18%	2.46 3.12%	1.8 2.39%	1.8 2.35%	2.06 2.53%	1.92 2.22%	1.87 2.13%	1.48 1.74%	1.65 1.70%	1.92 1.90%	2.17 2.06%
南非	0.43 0.57%	0.4 0.51%	0.38 0.48%	0.35 0.46%	0.32 0.42%	0.38 0.47%	0.41 0.47%	0.39 0.44%	0.34 0.40%	0.42 0.43%	0.41 0.41%	0.38 0.36%
埃及	0.28 0.37%	0.29 0.37%	0.31 0.39%	0.33 0.44%	0.33 0.43%	0.25 0.31%	0.26 0.30%	0.32 0.36%	0.38 0.45%	0.42 0.43%	0.48 0.48%	0.40 0.38%
沙特	0.74 0.98%	0.75 0.97%	0.77 0.98%	0.67 0.89%	0.67 0.88%	0.71 0.87%	0.85 0.98%	0.84 0.96%	0.73 0.86%	0.87 0.90%	1.11 1.10%	1.07 1.11%
伊朗	0.64 0.85%	0.49 0.63%	0.46 0.58%	0.41 0.54%	0.46 0.60%	0.49 0.58%	0.33 0.38%	0.28 0.32%	0.24 0.28%	0.36 0.37%	0.41 0.41%	0.40 0.38%
阿联酋	0.38 0.50%	0.4 0.51%	0.41 0.52%	0.37 0.49%	0.37 0.48%	0.39 0.48%	0.43 0.50%	0.42 0.48%	0.35 0.41%	0.42 0.43%	0.51 0.51%	0.50 0.47%
埃塞俄比亚	0.043 0.057%	0.048 0.062%	0.056 0.071%	0.065 0.086%	0.074 0.097%	0.082 0.10%	0.084 0.097%	0.096 0.11%	0.11 0.13%	0.11 0.11%	0.13 0.13%	0.16 0.15%
金砖国家合计	17.55 23.21%	18.57 23.90%	19.43 24.61%	18.52 24.60%	18.82 24.59%	20.89 25.64%	22.53 26.03%	23.03 26.24%	22.48 26.36%	27.06 27.85%	28.59 28.34%	28.44 26.97%

数据来源：Databank [EB/OL]．The World Bank．https：//data.worldbank.org.cn/indicator。

更大。其中，中国的经济发展态势最为突出，国内生产总值从2012年的8.53万亿美元增长到2023年的17.79万亿美元，占世界总量的比重从11.28%上升到16.87%。①而且，中国、印度和巴西在制造业方面的表现抢眼，在5G通信、人工智能、航空航天、制药、造船等领域取得世界领先位置，成为全球价值链和供应链中不可或缺的一环。从发展前景看，中国和印度的经济总量势必将超过美国。按照购买力平价（PPP）的方法计算，中国2023年的经济总量达到34.64万亿美元，远超美国的27.36万亿美元；印度2023年的经济总量为14.54万亿美元，预计将在2050年超过美国。②所以，国际货币基金组织将中国2024年的经济增速预测上调至5%，将印度2024年的经济增速预测上调至7.0%；对新兴市场和发展中经济体2024年和2025年的经济增速预测均为4.3%，高于对发达经济体的同期预测（2024年为1.7%，2025年为1.8%）。③

此外，新兴经济体的内部合作不断增强，创造性地建立了金砖国家机制、共建"一带一路"倡议、亚洲基础设施投资银行、中非合作论坛、中国东盟国际产能合作示范区等一系列国际机制，在联合国、"金砖+"、二十国集团峰会等多边框架下持续增大影响力，扩大共同利益和发展空间。2023年8月，习近平主席向金砖国家工商论坛闭幕式发表致辞时说："作为发展中国家、'全球南方'的一员，我们始终同其他发展中国家同呼吸、共命运，坚定维护发展中国家共同利益，推动增加新兴市场国家和发展中国家在全球事务中的代表性和发言权。"由此可见，世界"经济力量正在迅速转移到东亚，军事力量和政治影响开始向东亚转移。印度处于经济起飞的边

---

① Databank [EB/OL]. The World Bank. https://data.worldbank.org.cn/indicator.
② OECD. Long – Term Baseline Projections [R/OL]. 2023. https://stats.oecd.org/viewhtml.aspx?datasetcode=EO114_LTB&lang=en.
③ IMF. World Economic Outlook [R]. 2024.

缘，伊斯兰世界日益敌视西方。其他社会很快将不情愿接受西方旨意和容忍其说教，西方的自信和支配意志也会随之消失"[1]。美国以外的权力中心正在兴起，它们在接受现代化的同时，对于自身的文化自信不断加强，正如东亚国家并没有将其经济奇迹归因于引进西方文化，而是视其为自身文化的伸张。

（三）非国家行为体影响力上升

一方面，在新科技革命的推动下，非国家行为体发生了三个方面的变化，即专业化、分散化和全球化。专业化意味着非国家行为体有了更强的信息整合能力和制造能力以及更多的专业人才；分散化意味着非国家行为体在数量和类型上较以往大幅增加，并且逐步形成了网状化、节点化的组织结构；全球化意味着非国家行为体不仅活动范围超出一国国界，影响力也开始遍及各个问题领域以及世界各地。另一方面，随着全球性问题的日益突出、国内—国际事务界限的逐步弱化，仅仅依靠主权国家已经无法妥善处理许多矛盾与冲突，国家的地位、作用和能力也出现了某种程度的下降。因此，全球治理对于非国家行为体的需要和要求不断提高。在上述两个因素的作用下，非国家行为体在世界政治中的地位和作用上升到前所未有的高度。跨国公司、国际非政府组织、恐怖组织、科技公司和社交平台等，在政治、经济、社会、技术、文化等多个领域发挥着越来越重要的作用，主动参与国内事务、地区事务和全球事务的能力也走向成熟，成为国内政治、国际政治乃至国际体系中的一个重要变量，与主权国家一道构成了世界政治的主体。

---

[1] [美]塞缪尔·亨廷顿著，周琪，刘绯，张立平，王园译. 文明的冲突与世界秩序的重建[M]. 北京：新华出版社，2010：62.

从国际力量对比的角度来看，主权国家仍然保有综合优势，但是非国家行为体往往在某个单一领域内具备与大国博弈的能力，导致传统力量对比方法难以准确衡量双方的力量对比态势。截至2024年8月，全球前十大跨国公司的市值分别是苹果公司3.342万亿美元、微软公司3.160万亿美元、英伟达公司2.781万亿美元、字母表公司（母公司为谷歌）2.065万亿美元、亚马逊公司1.899万亿美元、沙特国家石油公司1.820万亿美元、元公司（前称脸书）1.181万亿美元、伯克希尔·哈撒韦公司943.63亿美元、台湾积体电路制造股份有限公司839.83亿美元、礼来公司724.48亿美元。① 它们市值超过了世界大多数国家的国内生产总值，并且能够凭借自身实力带动一国经济发展。脸书、推特和TikTok等平台的用户数量持续增长，全球用户超过50亿。这些平台能够在信息传播、公共议题讨论和社会运动中发挥重要作用，甚至引导公众认知。许多科技公司能够凭借自身开发的人工智能程序为主权国家提供情报监视能力和信息分析能力，并在网络战中充当"急先锋"；部分非政府武装，如黎巴嫩真主党和也门胡塞武装等，也能通过网络获得重要的军事资源和开展跨国攻击活动。

非国家行为体利用信息技术、人工智能、无人载具等在安全、经济、金融、信息四种结构性权力中争夺到一席之地。恐怖组织、跨国犯罪集团、私人军事公司等非国家行为体在国际事务中扮演越来越重要的角色。在全球治理中，它们提出自己的政策主张和解决方案，力图限制包括美国在内的国家的权力和影响力。在安全领域，即使强如美国也开始借助私人机构的力量，以应对日益严峻的安全形势和复杂的网络安全问题；而恐怖主义、极端主义势力的挑战更

---

① Top 10 Biggest Companies in the World by Market Cap in 2024 [N/OL]. Forbes India, 2024-07-29. https://www.forbesindia.com/article/explainers/top-10-largest-companies-world-market-cap/86341/1.

是令美国头疼不已。在经济和金融领域，跨国公司、评级机构、会计师事务所的权力越来越大，不仅为国家的经济发展提供动力，而且通过操纵各类金融市场向国家施压。

四、大国博弈加剧国际紧张局势

2008年全球金融危机以后，全球战略力量的对比发生了显著变化。从世界银行和国际货币基金组织的数据可以看出，在传统发达经济体中，美国近些年的表现一枝独秀，加拿大、日本、欧盟在经济增长、科技发展等领域的表现相对不足。然而，美国国内的两党分歧、社会撕裂、种族歧视等问题让其在区域和国际事务中独揽大局的意愿、决心与能力有所减弱；英国、法国、德国、日本等国虽然经济总量有所增加，但是非法移民、族群冲突、债务危机、劳动力不足、制造业空心化等问题根深蒂固，短期内难以解决。因此，它们在全球经济总量中的份额比例有所下降，使得多个大国之间的力量更趋均衡。新兴市场国家中，中国和印度的经济总量及其占全球经济的比重不断提升，特别是中国，正处于近代以来最好的发展阶段，综合国力和国际地位显著提高；印度的经济增长速度超过了中国，但是总量差距仍然很大；俄罗斯、巴西、南非、沙特、阿联酋等国虽然各自在发展道路上遭遇了一些难题，但是前景依然广阔。上述变化成为推进全球多极化继续深入发展的关键因素。不过，国际力量对比的均衡化引发了新的问题。守成大国对新兴市场国家的戒备心理愈发深重，更加注重从权力转移的视角看待国际关系，导致经贸、科技、文化等领域的问题政治化。由于战略取向和政策推进普遍表现出强调自主、重视安全、强势进取的特点，大国之间的合作意愿明显下降、竞争意识明显上升，而且竞争日益聚焦于重塑国际机制，给地区安全稳定以及全球合作造成不利影响。

（一）大国互信削弱

冷战结束后，地缘政治冲突和意识形态分歧逐步让位于国际经贸合作，各国间的商业、技术、文化、人员往来日益频繁，高级政治议题逐渐让位于低级政治议题。相互依存理论、国际机制理论等新自由主义国际关系理论大行其道。然而，随着大国力量对比的变化，世界政治开始重新回归现实主义。2023年，美国国内生产总值为27.36万亿美元，中国为17.79万亿美元，中国国内生产总值达到美国的65.02%。如果按照购买力平价计算，2023年中国国内生产总值为34.64万亿美元，美国为27.36万亿美元，美国是中国的78.98%。双方科技领域的差距也在迅速拉近。2023年，中国专利申请数量继续领先，世界知识产权组织的数据显示，中国占全球专利申请的46%，其次是美国和日本。美国在半导体、人工智能和生物技术等高科技领域依然保持领先，但中国在5G技术、人工智能应用和新能源技术方面追赶迅速。此外，中国继续加强海军和空军的发展，特别是加大在航母、导弹技术和无人机方面的投入；而美国则保持在全球军事存在方面的优势。根据斯德哥尔摩国际和平研究所2024年的报告，美国仍然是全球军费开支最高的国家，约占全球军费总额的39%，而中国位居第二，约占13%。[1]

面对中国的快速发展和两国关系的结构性转变，美国高层心态失衡，改变了克林顿政府时期形成的对华"接触"政策，将中国定位为"最严峻的竞争者"，试图在科技、全球供应链等领域"对华

---

[1] Yearbook 2024: Armaments, Disarmament and International Security [R]. Stockholm International Peace Research Institute, 2024: 8.

脱钩"。与小布什政府的单边主义政策和特朗普政府的孤立主义政策不同，拜登政府更加注重"拉帮结伙"，大国竞争的阵营对抗趋势越发突出，不断强化针对中国的战略竞争。① 2020—2024 年，美国与加拿大、墨西哥签订《美墨加协定》（USMCA），取代了《北美自由贸易协定》（NAFTA），强化了美国与墨西哥和加拿大之间的经济合作；与印太地区多个国家合作，建立"印太经济框架"（IPEF），旨在促进经济合作和供应链安全，减少对中国的经济依赖；与欧盟成立了美欧贸易和技术委员会（TTC），旨在加强美国与欧盟在技术标准、人工智能、5G 网络安全和半导体供应链等方面的合作；与英国、澳大利亚签订《奥库斯协议》，建立三边安全伙伴关系，旨在共享先进防务技术，并在印太地区加强军事存在，特别是在应对中国军事威胁方面；与日本、印度和澳大利亚建立"四边机制"，意图加强在印太地区的安全合作，以制衡中国的影响力。此外，美国持续敦促北约盟国增加国防预算，达到国内生产总值的 2% 标准，加强集体防御能力；通过"欧洲威慑计划"（EDI）增加对欧洲防御的投资，特别是在东欧和波罗的海国家，以应对俄罗斯的军事威胁。

"通过这些围绕自身形成的层层叠叠的区域性经济、政治、军事合作组织，美国谋求与盟友形成战略互通，有效协调整合政治、经济、军事等多种手段和各方力量来提升联盟实力、加强区域防卫，以遏制中国发展，维持美国主导下的区域秩序稳定。"②

（二）地区冲突持续发酵

2018—2024 年，欧洲、中东、非洲、拉丁美洲多地发生冲突、

---

① 樊吉社. 美国对华决策：机制调整与团队转换 [J]. 当代美国评论，2021（04）.
② 张景全，罗华婷. 拜登政府对华围堵复合联盟战略及中国应对 [J]. 东北亚论坛，2022（06）.

内乱或恐怖袭击，国际局势的不稳定性和复杂性增加，全球安全形势严峻。除了政治环境不稳定、国家治理失败、民族宗教纷争、资源争夺等内部原因，地缘政治竞争加剧也是导致地区冲突持续发酵的重要因素。各大国之间的地缘政治竞争日益激烈，特别是在亚太地区、欧洲东部和中东地区等战略要地，争夺影响力的角力促使地缘政治风险上升。

在欧洲，美国无视俄罗斯的地缘政治诉求和俄乌两国的历史渊源，不断利用克里米亚问题和乌东问题向俄罗斯施压，积极拉拢乌克兰加入欧盟甚至北约，意在压缩俄罗斯的安全空间。俄罗斯视乌克兰为其在欧洲的重要势力范围，对乌克兰的亲西方态度转向感到担忧。最终，双方的政治信任几乎消耗殆尽，引发2022年俄乌冲突。冲突爆发后，美国一方面以共同应对冲突为由，加强与欧洲国家的安全合作，要求欧洲国家重启军工生产，增加军费开支，企图迫使欧洲彻底倒向美国，让美国的地缘政治体系更加坚实；另一方面不断向乌克兰提供军事和经济援助，让俄乌冲突延宕，以消耗俄罗斯的经济和军事实力。美国通过"乌克兰安全援助倡议"（USAI）和总统拨款权限先后向乌克兰提供了大约623亿美元的军事援助和超过230亿美元的经济和人道主义援助。[①] 其中包括大量防御和进攻性武器系统，包括"毒刺"（Stinger）便携式防空导弹、"标枪"（Javelin）反坦克导弹、155毫米榴弹炮、"海马斯"（HIMARS）多管火箭系统、防空雷达系统、"凤凰幽灵"（Phoenix Ghost）和"弹簧刀"（Switchblade）等察打一体无人机，以及各类人工智能系统。

在中东，美国对反对派武装、库尔德势力以及"伊斯兰国"部分分支的暗中支持，导致2011年爆发的叙利亚内战延续至今，伊德

---

① How Much Money Has the US Given Ukraine since Russia's Invasion? [N/OL]. USA Facts, 2024-03-07. https://usafacts.org/articles/how-much-money-has-the-us-given-ukraine-since-russias-invasion/.

利卜省和库尔德控制的地区仍有冲突发生，战斗激烈且持续多年，导致数十万人死亡，数百万人流离失所。沙特和伊朗的争夺以及美国的介入，引发也门内战。战争历经十余年未能解决，全面停火和政治解决方案仍遥遥无期，也门陷入经济崩溃、粮食短缺和疾病蔓延的境地。美国对以色列的支持导致2023年巴以冲突不断外溢，以色列国防军不但大举进攻加沙地带，而且向黎巴嫩真主党宣战，将战火引向北方。同时，多次无视国际法规则，在伊朗、卡塔尔境内发动针对哈马斯领导层的刺杀行动。

除了欧洲和中东之外，大国竞争还在阿塞拜疆、埃塞俄比亚、阿富汗、委内瑞拉等地引发冲突或争端，对全球的政治和经济格局产生了深远的影响。由于每次地区冲突都有其复杂的历史背景、当事方的战略利益及国际社会的反应，所以在大国博弈的背景下，地区冲突持续发酵进一步塑造了当前的国际局势。

（三）全球治理改革遭遇困境

由于国际力量对比的变化，大国博弈加剧，以美国为主导的传统国际秩序面临挑战。新兴市场国家和发展中国家在国际事务中的话语权不断上升，全球治理体系正在经历转型。新形势下，国际社会在共同应对各种全球性挑战的过程中，应不断创新思想理念和规则机制，"积极参与全球治理体系改革和建设，践行共商共建共享的全球治理观"[1]。但是，大国博弈的加剧却给全球治理改革带来新的难题。

一是多极化与国家利益冲突。全球治理需要各国在国际事务上

---

[1] 习近平. 高举中国特色社会主义伟大旗帜　为全面建设社会主义现代化国家而团结奋斗——在中国共产党第二十次全国代表大会上的报告［M］. 北京：人民出版社，2022：10.

进行协调与合作，但近年来国际体系出现了显著的多极化趋势。随着中国、印度、俄罗斯等新兴大国的崛起，全球权力分配变得更加多样化。这种多极化导致不同国家在全球治理议题上利益诉求各异，难以达成一致。例如，在气候变化、贸易政策等领域，各国往往因为经济利益、发展阶段和国家安全考虑而存在重大分歧，阻碍了全球合作的深入发展。

二是全球治理机构的合法性危机。许多全球治理机构，如联合国、国际货币基金组织和世界贸易组织，在改革过程中遭遇了合法性危机。这些机构往往被指责为偏袒发达国家的利益，无法有效代表广大发展中国家的声音。例如，世界贸易组织在多哈回合谈判中的失败就反映了发达国家与发展中国家之间的利益对立，进而影响了全球贸易规则的改革进程。合法性危机使得这些机构难以在国际社会中维持权威，削弱了其在全球治理中的作用。

三是全球治理架构的碎片化。不同领域的全球治理机制相互独立，缺乏协调性。这种碎片化导致各个领域的全球治理进展不均衡，甚至出现相互冲突的情况。例如，在环境保护领域，存在多个重叠的国际条约和组织，并且它们之间缺乏协调和一致性，导致政策执行效率低下。此外，在全球健康、金融监管等领域，不同组织之间的合作也常常因职能重叠或利益冲突而受到阻碍。

四是非国家行为体的挑战。随着全球化的发展，非国家行为体（如跨国公司、非政府组织、恐怖组织等）在国际事务中的影响力日益增加。这些行为体往往拥有超越国家边界的资源和能力，能够直接影响全球治理的进程。然而，现有的全球治理机制主要是基于国家主权的框架设计，缺乏应对非国家行为体挑战的有效机制。例如，跨国公司的经济实力和跨境运营能力使其能够规避国家法律监管，影响国际经济秩序，而恐怖组织的跨国活动则对全球安全构成了严重威胁。

五是新兴技术的"双刃剑"。新兴技术（如人工智能、大数据、区块链等）的发展为全球治理提供了新的工具，但也带来了新的挑战。技术的不对称发展可能加剧国家间的技术鸿沟，导致全球治理中的不平等加剧。此外，新兴技术的使用还涉及隐私保护、网络安全、伦理等复杂问题，而现有的全球治理框架尚未对此作出充分的应对。例如，人工智能技术的应用在带来经济效益的同时，也引发了关于就业、道德等方面的广泛讨论，这些问题如果得不到妥善解决，可能会在全球范围内引发更大的治理危机。

总之，"世界百年未有之大变局"深刻揭示了当前世界面临的重大变革和挑战，强调了国际格局、全球治理、人类社会等多方面的深刻变化。这些变化不仅影响当前的国际秩序和国家关系，还将对未来的全球发展方向产生深远影响。人工智能、大数据、5G等新兴科技的发展，正在深刻改变全球经济和社会结构，引发生产方式、生活方式和思维方式的革命性变化；以中国、印度为代表的新兴市场国家快速崛起，国际经济格局发生深刻变化，全球经济治理体系亟须改革和调整，以适应新的经济力量分布。人类社会是向前发展的，但又是曲折前进的。当今世界仍然充满了不确定性，美国的政治极化现象、欧洲右翼力量的崛起、中东民族宗教冲突的发展等，都影响着国际格局的演进。因此，在国际体系深刻变革的过程中，国家之间、国家与非国家行为体之间难免产生各类矛盾和分歧，一旦处理不当，有可能触发新的冲突或战争。为了弥补实力的差距，各类新兴技术被充分引入到战略战术之中，从而导致混合战争成为人类战争的新形态。

第二章　混合战争的兴起与演变

战争为什么会爆发？人类社会为什么会使用武力或武力威胁解决国家间的分歧和争端？不同国家、不同领域的学者基于历史、政治、经济、心理等多种视角进行了分析和探讨。古典现实主义学者将战争归咎于人性本质的自私和贪婪。国家间的关系反映了这种人性中的权力欲望，国家在追求自身利益的过程中，往往会不惜一切手段。[①] 国际政治的本质是权力斗争，战争是权力政治的极端形式。[②] 结构现实主义者则强调国际体系的无政府结构——没有中央权威的国际体系——迫使国家以自助方式追求安全，从而导致冲突和战争。[③] 建构主义学者强调认知差异或者偏差导致冲突和战争的发生。因为国家行为受制于社会身份和国际规范，战争的发生与国家的身份构建和对他国身份的认知有关，国际关系中的冲突往往源于这些认知上的差异。[④] 塞缪尔·亨廷顿对战争起源的论述主要集中在文明和文化的冲突上。他认为未来的战争和冲突将主要源于不同文明之间的差异和对立，而非传统的国家间的意识形态或经济冲突。[⑤]

---

① Thomas Hobbes. Leviathan [M]. Oxford: Oxford Paperbacks, 1998.
② Hans J. Morgenthau. Politics Among Nations: The Struggle for Power and Peace [M]. New York: Alfred A. Knopf, 1948.
③ Kenneth N. Waltz. Theory of International Politics [M]. Boston: Addison – Wesley, 1979.
④ Alexander Wendt. Social Theory of International Politics [M]. Cambridge: Cambridge University Press, 1999.
⑤ Samuel P. Huntington. The Clash of Civilizations and the Remaking of World Order [M]. New York: Simon & Schuster, 1996.

也有学者从心理学或者社会学视角出发，认为战争源自国家领导人的认知偏差、误判和心理压力①，或者社会组织，尤其是国家形成和发展的核心动力。②

事实上，早在1848年马克思与恩格斯合著的《共产党宣言》中就归纳出战争的本质：历史上所有的社会都是阶级斗争的历史。战争被视为阶级斗争的一部分，是统治阶级维护和扩展其权力的一种手段。③ 在《资本论》中，马克思进一步总结了近代战争爆发的根源：战争作为资本主义扩展的一个重要手段，是资本积累和市场扩张的结果，资本主义的内在矛盾会导致战争和冲突。④ 19世纪末20世纪初，资本主义发展到帝国主义阶段，列宁根据现实情况的演变发展了马克思关于战争的理论，认为战争是资本主义国家为争夺市场和资源而引发的，是帝国主义内在矛盾的表现。⑤

当今世界，由于霸权主义和强权政治仍然大行其道，特别是百年未有之大变局引发全球格局的重塑，以及由此带来的前所未有的复杂性和不确定性，既加剧了大国之间的博弈，也加剧了国际社会的不平等与不公平，从而引发部分国家以及非国家行为体对强权政治的反抗。由于实力的不对称，这些行为体为了弥补与强国之间的力量差距，倾向于采用非常规手段进行非对称战争，通过恐怖袭击、游击战等方式达到战略目的。与此同时，经济全球化、信息技术和人工智能技术的发展使得纯粹的军事对抗变得不再有效，冲突形式

---

① Robert Jervis. Perception and Misperception in International Politics [M]. Princeton: Princeton University Press, 1976.
② Charles Tilly. Coercion, Capital, European States, A. D. 990 – 1992 [M]. Hoboken: Wiley - Blackwell, 1992.
③ 中共中央马克思恩格斯列宁斯大林著作编译局编译. 马克思恩格斯全集：第四卷 [M]. 北京：人民出版社，2006.
④ 马克思. 资本论：第一卷 [M]. 北京：人民出版社，2004.
⑤ 中共中央马克思恩格斯列宁斯大林著作编译局编译. 列宁全集：第21卷 [M]. 北京：人民出版社，2021.

趋向多样化和复杂化，网络攻击、无人载具攻击、代理人战争、认知战成为现代战争的重要手段。各种因素相结合共同促成混合战争的兴起。

一、混合战争的兴起

混合战争是近年来国际关系和军事战略领域中越来越受到关注的概念。它指的是一种综合运用传统军事力量与非传统手段（如网络攻击、信息战、代理人战争、经济制裁等）来达成战略目标的战争形式。这种战争形式打破了传统战争与和平、军事与非军事手段的界限，使得冲突形式更加复杂、更加多样化。混合战争的概念最早由美国国防领域的学者提出，旨在描述现代冲突中呈现出的新特点。

（一）混合战争的内涵

2005年，时任美国陆战队作战发展司令部司令詹姆斯·马蒂斯（曾在特朗普政府任国防部长）和时任美国海军陆战队作战发展司令部新兴威胁和机遇研究中心研究员弗兰克·霍夫曼首次提出了混合战争的概念。2007年，霍夫曼在其研究报告《21世纪的冲突：混合战争的兴起》中系统阐述了混合战争的基本内涵。根据霍夫曼的定义，混合战争是"一个国家或非国家行为体结合常规武装力量、不对称战术、恐怖主义行为、犯罪行为等多种战术，构成的复杂而多层次的威胁形式"。[1]

---

[1] Frank G. Hoffman. Conflict in the 21st Century: The Rise of Hybrid War [J]. Potomac Institute for Policy Studies, December 2007.

自 2009 年开始，混合战争的理论创建逐步展开。美军在 2010 年、2014 年版的《四年防务评估报告》中均提出将混合战争作为未来战争形态的研究重点，在霍夫曼的理论基础上构建混合战争的概念体系，研究主要集中于弱国或非国家行为体的不对称战术，应对非国家行为体对美国的"混合威胁"。2013 年，俄联邦武装力量总参谋长瓦列里·格拉西莫夫将军发表了关于混合战争的相关文章，标志着俄式混合战争理论开始形成。

2014 年，克里米亚事件标志着俄式混合战争理论的确立，成为混合战争发展的新节点。此后，混合战争的发生频率不断上升，军事力量和非军事力量的使用比例达到 1∶4，[①]引发了新的研究热潮。混合战争的界定有所扩大，即便没有明确使用武力或武力威胁，正常的国家间一系列非军事手段的竞争与冲突仍被描述为战争。[②]混合战争的总目的是剥夺敌人在信息精神生产领域、经济领域和安全领域的抵抗能力。[③]混合战争的典型案例，如俄罗斯在东欧[④]和叙利亚的混合战争行动、[⑤]伊朗在中东地区的混合战争行动，[⑥]成为这一时期研究分析的重点。

值得注意的是，在 2021 年巴以冲突、2022 年俄乌冲突和 2023 年巴以冲突三次混合战争中，人工智能技术得到广泛应用，逐渐承担"赋能者"的角色，成为决策系统不可或缺的组成部分。混合战

[①] 斯维特兰娜·伊戈列夫娜·科达涅娃，张广翔，苏宁. 混合战争：概念、内容与对策[J]. 思想理论战线，2023（04）：101.

[②] James K. Wither. Making Sense of Hybrid Warfare [J]. Connections, 2016, 15 (02)：73 - 87.

[③] Костатин Сивков. Приказано оболванить Гибридная война отличается исключительным многообразием методов и форм [J]. Военно - промышленный курьер，2016 - 02 - 17.

[④] Alexander Lanoszka. Russian Hybrid Warfare and Extended Deterrence in Eastern Europe [J]. International Affairs, 2016, 92 (01)：175 - 195.

[⑤] 马建光. 叙利亚战争启示录 [M]. 武汉：长江文艺出版社，2017.

[⑥] Dave Dilegge. Iranian and Hezbollah：Hybrid Warfare Activities [M]. Bloomington：iUniverse，2016.

争开始向智能化方向发展，导致国家之间、国家与非国家行为体之间的竞争与对抗日益复杂、多元，传统战争逐步让位于混合战争，战争双方不再只满足于占领土地或击垮对手，而是以综合手段导致对手内外交困，进而迫使其让步或者爆发政变。比如，2023年哈马斯对以色列的突袭战以及以色列的反击行动都使用了混合战争的战略战术。[①] 混合战争的战场形态发生重要变迁，逐渐从单一转向双边甚至多边形态。[②]

（二）混合战争的特征

1. 混合战争强调多维度作战

混合战争的首要特征是其多维度的作战形式，涵盖了军事、经济、政治、信息和网络等多个领域。传统战争主要依赖军事力量，而混合战争则通过协调使用多种手段，最大化对敌方的压力。因此，混合战争的战场维度突破了以物理域为主的传统，冲突双方同时在物理域、信息域和认知域三个维度展开竞争，三个战场相互支持，实现了战场间的快速切换，极大拓展了战争的覆盖范围，并进一步掩盖了战争爆发的时机和场景。

第一，物理域战场向其他领域延伸。一方面，物理域作战是信息域和认知域作战的根基，只有在传统战场上取得主导权，才能够放大其他领域的作战效能。2022年俄乌冲突表明，"乌克兰和美国为首的西方国家在认知域作战中拥有明显的优势，但是帮助乌克兰

---

① 马晓霖，杨府鑫. 哈马斯混合战争视角下的以色列国家安全漏洞探析［J］. 国家安全研究，2023（06）：18-48.
② 陈翔. "混合战争"与俄乌冲突［J］. 外交评论（外交学院学报），2023，40（02）：104-126.

守卫首都基辅并夺回部分被占领土的是乌克兰军队在物理域的作战行动，而不是认知战"。① 另一方面，物理域战场的外溢效应迫使混合战争发起者不得不重新审视军事行动的合法性和成本计算。比如，2021年和2023年的巴以冲突中，以色列更加依赖"铁穹"防御系统和"敲屋顶"战术，以减少己方损失和平民伤亡。以色列国防军甚至在作战时将攻击目标的最后确认权交给军队聘请的国家律师，以确保所有军事行动的合法性，为网络战和认知战提供支撑。

第二，网络战与认知战深度融合。混合战争通常不会立即投入军事力量，而是以认知战为主，在政治、经济、外交等领域制造虚假信息或夸大负面消息，并利用现代信息技术扩大此类消息的传播范围，寻求推翻、摧毁、压倒或征服敌方民众的士气与精神，以及民众、军队与政府之间的和谐关系。② 2020年3月，北约盟军转型司令部发布《作战2040：北约在未来将如何竞争》报告，全面展示了认知战的概念、目标、手段和特征。因此，认知战已经与网络战深度融合。信息通信技术和网络平台为操纵、控制和管理公众的认知提供了可能。混合战争的发起者借助网络平台和社交媒体操纵政策议程、塑造公众舆论、重塑社会和政治身份，③ 影响对方的社会心理和身份认同，达到分化瓦解、制造混乱的目的。

2. 战争双方的非对称性明显

混合战争通常表现为非对称性战争，即冲突的各方在军事、经

---

① Koichiro Takagi. The Future of China's Cognitive Warfare：Lessons from the War in Ukraine [N]. War on the Rocks，2022 – 07 – 07. https：//warontherocks.com/2022/07/the – future – of – chinas – cognitive – warfare – lessons – from – the – war – in – ukraine/.
② Flemming Splidsboel Hansen. When Russia Wages War in the Cognitive Domain [J]. The Journal of Slavic Military Studies，2021，34（02）：185.
③ Yuriy Danyk，Chad M. Briggs. Modern Cognitive Operations and Hybrid Warfare [J]. Journal of Strategic Security，2023，16（01）：46.

济、技术等方面的实力存在明显差距。这种不对称性使得较弱的一方通过非传统的作战手段来弥补其在常规军事力量上的劣势。首先，技术差异是混合战争非对称性的核心。较弱的一方通常无法与对手在常规军事力量上抗衡，因此会选择利用网络战、信息战、恐怖主义等非传统手段进行打击。在2014年克里米亚事件中，俄罗斯通过网络攻击和虚假信息传播，成功削弱了乌克兰的政治稳定性，而不需要直接依赖传统军事力量。这种技术层面的非对称手段使得俄罗斯在不发动全面战争的情况下，仍然能够对乌克兰施加重大影响。[1]其次，战略目标的不同也是非对称性的体现。强大的一方通常寻求传统的军事胜利，而较弱的一方可能更注重通过破坏对手的社会稳定、经济基础或国际声誉来达成其战略目标。比如，恐怖组织往往通过恐怖袭击制造社会恐慌，影响公众舆论和政府决策，而不追求传统意义上的军事胜利。最后，作战手段的多样性进一步加剧了非对称性。混合战争中的弱势方通常会综合运用代理人战争、经济战、信息战等多种手段，以弥补其在直接军事对抗中的不足。这种手段的多样化使得强势方难以通过传统的军事防御或反击手段进行有效应对。

3. 混合战争具有较强的模糊性

在混合战争中，行动主体可以是国家，也可以是非国家行为体，如恐怖组织、民兵组织等，主体之间还可能存在复杂的混合关系，比如国家可能利用非国家行为体进行代理人战争。混合战争通常在没有明确的战争声明的情况下进行，例如，通过网络攻击、信息战、经济制裁等手段进行攻击，而不一定会有传统的军事行动，这使得

---

[1] Anthony H. Cordesman. Russia and the "Color Revolution": A Russian Military View of a World Destabilized by the US and the West [R]. CSIS Reports, 2014.

战争与和平的界限变得模糊。在战争过程中，军事行动和非军事行动往往交织在一起。例如，一方可能通过非军事手段，如网络攻击、信息操作等，配合军事行动以达到其目标①，这使得军事与非军事行动的界限变得模糊。混合战争中的行动往往不受国内与国际的界限限制，一个国家可能在另一个国家的国内进行网络攻击，或者利用信息战在全球范围内施加影响，导致国内与国际的界限变得模糊。

4. 混合战争呈现出多重隐蔽性

与模糊性相伴而生的是隐蔽性。混合战争的隐蔽性不仅包括物理层面的隐蔽行动，还包括网络层面的隐蔽行动（如隐蔽行动、非正规军的使用、信息战）。这种隐蔽性使得混合战争的行动主体往往难以被准确识别，使得反应和防御变得困难。具体而言：

一是行动主体的隐蔽性。混合战争的行动主体可能包括国家、非国家行为体，甚至是两者的混合，它们可能通过秘密行动，或者以民兵、游击队、恐怖分子等身份进行活动，使得行动主体的识别变得极其困难。例如，一些国家可能会利用非国家行为体进行代理人战争，达到其战略目标的同时，又可以对其行动进行否认，避免承担国际责任。

二是行动方式的隐蔽性。混合战争可能包括传统军事行动，也可能包括恐怖活动、煽动民族和宗教矛盾、网络攻击、信息战等非传统方式。这些行动方式的多样性和隐蔽性，使得防御者往往难以识别和预防。

三是行动目标的隐蔽性。混合战争的目标往往并不仅是军事目标，也可能包括政治、经济、社会、文化等领域，使得整个社会都可能成为混合战争的战场。这种隐蔽性使得混合战争的威胁更加难

---

① NATO. NATO's Response to Hybrid Threats [J]. NATO Review, 2015.

以防范。①

四是行动结果的隐蔽性。混合战争的影响往往不仅体现在物理损毁上，也可能表现为社会秩序的混乱、民族和宗教关系的紧张、信息的混淆等，这些影响的隐蔽性使得混合战争的损害往往难以评估。

（三）混合战争的作战工具

混合战争的主要作战工具充分展现了其多维性和复杂性，覆盖物理域、信息域和认知域三个作战领域，涉及常规军事手段、代理人战争、恐怖袭击、经济战、法律战、网络攻击、认知战等。通过战略上的精心策划和协调，这些工具相互配合，形成了一个复杂的战争体系，以获得战场优势，甚至"不战而屈人之兵"。

1. 物理域作战工具

第一，常规军事手段。尽管混合战争强调非常规手段的使用，但常规军事手段仍然在特定情境下发挥关键作用。常规军事手段通常与其他手段结合使用，以达成更为复杂的战略目标。但是，混合战争的常规军事手段更强调小规模、灵活性以及精准打击。例如，以色列国防军在中东地区使用无人机和其他手段对哈马斯组织领导人实施"定点清除"行动。这种小规模打击避免了大规模军事介入的风险，同时取得了较为明显的战术成果。无人载具与精确制导武器的配合还能够有效降低己方军队以及双方平民的伤亡，降低舆论压力，增强合法性。

---

① U. S. Department of Defense. Summary of the 2018 National Defense Strategy of the United States of America [R]. 2018.

第二,代理人战争。大国在混合战争中往往倾向于使用代理人战争,即冲突各方通过支持第三方势力来实现战略目标,避免直接的军事对抗。在叙利亚内战中,各大国通过支持不同的武装团体来实现各自的地缘政治利益,避免直接军事冲突。俄罗斯和伊朗支持叙利亚政府,而美国和其他西方国家则支持反对派势力。在克里米亚事件中,俄罗斯利用"小绿人"即未标识国籍的武装人员进行行动,这些部队虽然装备精良、组织有序,但没有佩戴任何标志,俄罗斯政府也否认其为正规军。这种模糊性使得乌克兰和国际社会难以迅速应对。[①] 根据2018年联合国的报告,在叙利亚冲突中,全球至少有60个国家间接或直接参与,支持不同的代理人组织,涉及的武装力量超过100万人,其中包含了正规军和非正规武装。[②]

第三,恐怖袭击。混合战争中较弱的一方通常使用非常规手段,如恐怖主义、游击战等方式来削弱敌方的优势。非国家行为体,如恐怖组织和游击队,常常在混合战争中扮演重要角色。通过恐怖袭击、暗杀和破坏活动,这些非正规军队可以有效削弱敌方的战斗力和士气。恐怖主义往往与认知战相结合,通过媒体传播恐怖活动的画面和信息,放大恐怖袭击的心理影响。例如,"伊斯兰国"通过精心策划的宣传视频,展示其恐怖行动,以此吸引更多极端分子加入并扩大其恐怖网络。这种通过恐怖主义实施的宣传战,意在制造全球恐慌,打击敌方士气,并招募更多的支持者。

第四,经济战。通过经济手段来削弱敌方的经济基础和战争潜力,包括经济制裁、金融封锁、贸易战等。经济制裁是经济战中最常用的手段之一,旨在通过限制敌方的经济活动,迫使其在政治或军事上做出让步。例如,美国对伊朗的经济制裁使得伊朗的石油出

---

① D. J. Smith. The Real Story Behind Russia's Invasion of Ukraine [J]. The Atlantic, 2014-03-04.

② UN Report. The Human Cost of the Syrian Civil War [R]. UN Publications, 2018.

口大幅减少，经济陷入困境，从而削弱了伊朗在中东地区的影响力。这种制裁不仅直接打击了伊朗的经济实力，还间接影响了其国内政治稳定。金融封锁是通过切断敌方与国际金融体系的联系，限制其获取外汇和资金的能力。2022年俄乌冲突爆发不久，美国即联合发达经济体将俄罗斯踢出环球银行金融电信协会，导致其跨境支付结算变得极为困难。贸易战则通过增加关税、设置贸易壁垒和非关税壁垒等方式，削弱敌方的出口能力和经济增长潜力。2018年美国对中国出口商品征收高额关税，试图通过"贸易战"降低中美贸易逆差。

2. 信息域作战工具

网络战是混合战争中最具颠覆性和破坏力的作战工具之一。随着信息技术的迅速发展，网络战成为国家与非国家行为体在冲突中获取优势的重要手段。网络战不仅包括对敌方信息系统的攻击和破坏，还涉及网络间谍、数据窃取和信息操控等手段。

第一，网络攻击。网络攻击可以针对敌方的军事指挥系统、通信网络、电力设施等关键基础设施。2010年"震网"（Stuxnet）病毒攻击伊朗核设施事件就是网络战的经典案例。此病毒通过复杂的编程设计，成功摧毁了伊朗布什尔核电站的离心机设备，并没有引发传统意义上的军事冲突。美国和以色列被广泛认为是这一网络攻击的幕后操纵者，这一事件标志着网络战在混合战争中的应用达到了新的高度。[①] 但是，网络攻击在2023年巴以冲突中的作战效能一般，未达到预期。

第二，网络间谍与数据窃取。除了破坏性的网络攻击，网络间谍与数据窃取也是网络战的重要组成部分。这种作战工具可以通过

---

① National Security Agency. Global Cyber Threat Report 2021 [R]. NSA Publications，2021.

窃取敌方的敏感信息和情报，从而在战场上获得先发制人的优势。维基解密的档案显示，美国进行了多次大规模的网络间谍活动，窃取了大量的军事技术、商业机密和政府信息。

3. 认知域作战工具

认知战在混合战争中占有重要地位，主要通过操控、歪曲或封锁信息，引导、重塑对方不同群体的认知，以影响敌方的决策过程和社会稳定。认知战与网络战密切相关，但其作用范围更广，影响更为深远。第一，虚假信息与宣传。通过制造和传播不实信息，制造社会混乱、削弱政府公信力，甚至挑起内部分裂。2023年巴以冲突期间，哈马斯和以色列均利用传统媒体和自媒体在社交平台大量传播对自身有利的信息，试图影响国际社会对冲突的看法，干扰国际社会对加沙地带的援助决策。第二，塑造对方认知。通过影响敌方军队和民众的心理状态，达到削弱其战斗意志的目的，甚至试图影响敌方领导层的决策过程。第三，媒体控制与信息封锁。通过控制新闻媒体的报道方向或直接封锁不利信息，可以操控国内外的舆论。在叙利亚内战中，阿萨德政府通过严格控制国家媒体和网络信息，封锁反政府武装的宣传，维护政权的稳定。类似的手段在混合战争中被广泛应用，尤其是在维持国内政治秩序和对外塑造国家形象方面。

二、混合战争进入"智能化"阶段

随着人工智能技术的成熟和完善，国内外专家开始讨论人工智能对国际关系的影响。南京理工大学王曰芬教授的研究团队通过Cite Space 5版本和突变（Burst Detection）检测算法研究发现："在全球人工智能研究的相关文献中，论文发表量排在前20位的国家（地区）的发文总量占到总发文量的84.3%；从各国研究前沿具体内容来看，研究的相似度呈现与当前国际关系相类似的潜在态势。"① 涉及人工智能技术的军事应用研究，各国专家呈现高度一致性，基本认为人工智能技术将给军事领域带来显著影响。

作为一项底层技术，人工智能成熟后，逐步改变了常规战争的发展态势，且与现实政治博弈之间存在高度关联性，其赋能和赋权作用具备改变现有国际权力结构的潜力。人工智能的优势在于能够打破国家战略能力、战略行为和战略意愿三者的间隔，从正负两个方面影响复合战略稳定。虽然人工智能对战略稳定的影响在多数情况下是负面的，② 但如果将人工智能看作开启国际合作的新契机，那么人工智能和新技术就会成为延缓经济衰退、促进经济互利合作的"钥匙"。③

鉴于人工智能武器的自主性、致命性和发展路径的不确定性，各国学者相继提出各种方案，希望通过国际规制限制人工智能武器的负面因素。通过落实致命性自主武器的定义，建立相关审查机制，可以规范人工智能武器的发展路径；④ 通过建立信任措施（CBMs），设置关于人工智能启用系统的信息共享和通知标准，可以减少发生冲突的可能性；⑤ 在未来规制自主武器系统国际法律规制的构建中，国际社会应确立自主武器系统的国家强制法律审查机制，形成"有

---

① 姜宇星，王曰芬，范丽鹏，余厚强. 人工智能研究前沿识别与分析：基于主要国家（地区）对比研究视角［J］. 情报理论与实践，2019（09）：9-15.
② 蔡翠红，戴丽婷. 人工智能影响复合战略稳定的作用路径：基于模型的考察［J］. 国际安全研究，2022，40（03）：79-108.
③ 部彦君，许开轶. 重塑与介入：人工智能技术对国际权力结构的影响作用探析［J］. 世界经济与政治论坛，2023（01）：86-111.
④ 徐能武，龙坤. 联合国CCW框架下致命性自主武器系统军控辩争的焦点与趋势［J］. 国际安全研究，2019，37（05）：108-132.
⑤ Edward Geist, Andrew J. Lohn. How Might Artificial Intelligence Affect the Risk of Nuclear War？［J］. RAND Corporation，2018：22.

意义的人类控制原则"。[①]

国际关系学者对于人工智能的军事应用及影响研究已经初具规模，基本围绕人工智能技术引发的战争智能化、自主化和多维化展开分析，并在国际规制方面进行了深入探讨。现有研究重点分析了人工智能在战争领域的具体应用，研究成果主要集中在致命性自主武器和算法的发展及其影响。欧洲应对混合威胁卓越中心在 2020 年和 2022 年各有 1 篇工作论文专门讨论了人工智能对混合战争的赋能作用。

（一）智能化混合战争及其特点

人工智能所扮演的"赋能者"角色使混合战争通过提高信息识别和分析的速度、精度、效率得到持续进化，并增加了战争的复杂程度。

1. 智能化混合战争的基本内涵

混合战争是一种集合了常规战争与非常规战争的新型军事战略，其将正面战场作战、游击战、经济战、网络战、认知战（包括干扰和改变敌人的认知过程、控制敌人的知识获取、扭曲敌人的文化价值观和思维方式等）等多种手段糅合在一起，具有高度灵活性和适应性，战争目标由传统战争的以颠覆对方政权为主转变为以塑造对方偏好为主。美国军事专家玛格丽特·邦德在其关于混合战争的文章中指出，"混合战争意味着将庞大的军事力量投入到更加多元化的任务之中，包括维和与人道主义救援、预防冲突、执行常规军事行

[①] 李寿平. 自主武器系统国际法律规制的完善和发展［J］. 法学评论，2021，39（01）：165-174.

动、战后重建政治与经济秩序以确保和平与安全等",[1] 因而具有全向性、同步性和非对称性。2013 年，俄罗斯联邦武装力量总参谋长瓦列里·格拉西莫夫对混合战争理论进行了进一步的发展完善。他在《科学在预测中的价值：新的挑战要求重新思考作战形式和方法》一文中指出：在 21 世纪，战争与和平之间的界限日益模糊，不宣而战会更加普遍，战争样式也会与以往有所不同，非军事手段日益成为实现政治与战略目标的重要角色，在某些情境下甚至会比军事手段更加有效。[2] 他敦促俄罗斯使用军事、科技、媒体、政治和情报策略多管齐下的混合战争战术，以最少的成本动摇敌人的根基。[3]

智能化混合战争是利用以人工智能技术为主的一系列高科技手段进行的一种混合战争形式。在智能化混合战争中，人工智能技术被广泛应用于情报收集、指挥决策、对抗操作等多个环节，大大提高了战争的效率和效果。例如，通过 AI 算法，可以快速分析和处理大量情报数据，为决策者提供有价值的信息；通过自动化系统，可以实现对敌方的精确打击，减少无辜伤害。由于混合战争具有持久性、非对称性和多维性的特征，并且覆盖物理域、信息域和认知域三个战争维度，所以需要人工智能在人力资源替代、精准识别信息和多线程操作三个方面发挥作用，通过不断创新战争理念、战争形态和战争手段，以期在多元化、复杂化的混合战争中取得优势。

2. 智能化混合战争产生的时代土壤

首先，人工智能技术的深入应用使得战争行动更加智能化和自

---

[1] Margaret S. Bond. Hybrid War: A New Paradigm for Stability Operations in Failing States [J]. U. S. Army War College, 2007 - 03 - 30: 4.

[2] Valery Gerasimov. The Value of Science is in the Foresight: New Challenges Demand Rethinking the Forms and Methods of Carrying out Combat Operations [J]. Voyenno - Promyshlennyy Kurier, 2013 - 02 - 26.

[3] 邵永灵. 混合战争：21 世纪的战争新形态 [N/OL]. 光明网, 2019 - 10 - 25. https://junshi. gmw. cn/2019 - 10/25/content_33264698. htm.

动化。一是基于深度神经网络的人工智能促进作战单元逐步实现自主化和智能化，使战争形态不断向自主武器主导的智能化"无人战争"演进；① 二是人工智能技术引发了军事装备的革命性变化，致命性自主武器的集群式作战可能成为未来战争的主角和主要作战方式；② 三是致命性自主武器的广泛应用表明，算法已然成为人工智能时代社会变革的关键驱动力量和新秩序的塑造者。③

其次，人工智能技术在涉及国家安全的诸多领域应用广泛。一是人工智能技术对网络安全、信息安全、经济与金融安全等非传统安全构成多维挑战；④ 二是目前很难阻止人工智能被恐怖组织当作发动恐怖袭击的工具，反恐力量与恐怖组织可能面临在人工智能领域的博弈；⑤ 三是高度发达的人工智能技术与国际无政府状态的深度结合将会给人类整体利益带来不可预知的制度性风险。⑥

最后，除技术因素外，国际安全环境的变化加速了智能化混合战争的形成。随着全球化和信息化的深入发展，国际安全环境变得日益复杂，传统的战略战术和攻防手段已经无法满足维护国家政治安全、国土安全和军事安全的需求，特别是网络战、认知战、无人化战争等新型战争形态的出现，使得战争更加需要人工智能技术的支持。

---

① Paul Scharre. Army of None: Autonomous Weapons and the Future of War [M]. New York: W. W. Norton & Company, 2018: 5.
② 傅莹. 人工智能对国际关系的影响初析 [J]. 国际政治科学, 2019, 4 (01): 7.
③ 董青岭, 朱玥. 人工智能时代的算法正义与秩序构建 [J]. 探索与争鸣, 2021 (03): 82-86.
④ Michael C. Horowitz, Gregory C. Allen, Edoardo Saravalle, etc. Artificial Intelligence and International Security [J]. Center for a New American Security, 2018: 3.
⑤ 傅瑜, 陈定定. 人工智能在反恐活动中的应用、影响及风险 [J]. 国际展望, 2018, 10 (04): 136.
⑥ 封帅. 人工智能时代的国际关系：走向变革且不平等的世界 [J]. 外交评论（外交学院学报）, 2018, 35 (01): 128-156.

3. 智能化混合战争的特点

混合战争的目的是在精神生产（人类的脑力劳动创造以及表现精神性价值的各种活动①）领域、经济领域和安全领域剥夺敌人的抵抗能力。② 传统混合战争强调军事手段和非军事手段的综合运用，并以较低的成本达成战争目标。智能化混合战争是在混合战争的基础上融入前沿科技的最新成果，特别是人工智能技术，因而在战略战术上更加复杂，更加依赖高科技。

第一，智能化混合战争更加注重人机结合。由于人工智能可以在极短的时间内处理和完成大量任务，甚至在没有错误的情况下进行计算和预测，具备在复杂的战争环境中替代人类的潜力，所以智能化混合战争对于人力的依赖有所降低，无人化作战成为常态。但是，人工智能技术的发展水平和人工智能行为的不可预测性，决定了人类不能完全放弃战争主导权和决策权，而是需要人类智力和机器智能互补互动，实现有人系统与无人系统的紧密结合，建立"人脑 + AI"协作运行机制。

第二，智能化混合战争更加注重运用大数据、算法、算力等方面的优势。传统混合战争主张根据情况变化有选择地使用多种手段完成既定目标，高效而节省地运用实力。智能化混合战争则充分利用人工智能在优化流程和提高效率方面的潜力，能够快速高效地收集、处理和分析数据，借助大数据分析优化作战规划和流程，精准地掌握和预测对方行动，大幅加快决策进程，提高反应速度。因此，智能化混合战争要求加大在技术领域的投入，在大数据收集和处理、算法、算力等方面超越对手。

---

① 李厚羿. 马克思"精神生产"概念的当代辨析［J］. 哲学研究，2023（04）：34.
② Сивков К. Приказано оболванить Гибридная война отличается исключительным многообразием методов и форм［N］. Военно－промышленный курьер，2016－02－17.

第三，智能化混合战争的潜在风险更高。人工智能武器在替代人力和降低成本的同时，也降低了战争门槛，导致极端行为增加，威胁国际安全；生成式人工智能的深度伪造能力可轻松制作和散布虚假图片和视频，从而干扰公众认知、激化社会矛盾，引发社会忧虑和信任危机，造成各国国内社会撕裂和国家间的猜疑；人工智能军民两用和便于传播的特质导致智能化混合战争更加难以被察觉，增加了为抢占先机而主动发起进攻的潜在风险；无人化作战可能导致人类被排除在战场决策之外，失去对致命性自主武器系统的控制，使其在自主搜索、识别并打击目标的过程中超出指挥官预先制定的作战方案，造成主动伤害平民甚至整个人类的法理和伦理问题。

（二）人工智能在混合战争中的角色定位

美国专家认为混合战争的三大主要特征是全向性、同步性和非对称性。俄罗斯专家则将混合战争的特征归纳为：高效而节省地运用实力、持久战、以人为中心。综合考量美俄两国专家的理论阐述可以看出，混合战争具备多维性、非对称性、模糊性和隐蔽性的特征，所以需要人工智能在人力资源替代、精确识别和多线程操作三个方面发挥作用。

1. 人工智能替代人力资源

由于混合战争混淆了战争与和平的界限，所以受害方不易觉察到战争的爆发，进而导致混合战争演变成持久战，对人力资源的需求量大且消耗难以控制。从道义上看，混合战争时代参与战争的双方往往首先要占据道德制高点，以取得发动混合战争的合法性。因为混合战争的目标并非单纯争夺军事胜利，而是通过持久作战逐步瓦解对方的士气和抵抗意志，通过资助反政府势力挑动对方内乱或者通过营造舆论压力迫使对方放弃战略计划和初始目标。但是，如果战争一方出现较多的人员伤亡，势必会使各方舆论压力导向自身，致使参战政府失去本国民众支持，不得不作出重大让步。2006年以色列在与黎巴嫩真主党的冲突中失利，部分原因在于以色列在近一个月的武装冲突中不但未能取得确切优势，反而造成"100多名士兵死亡，400多名士兵受伤；43名平民死亡，1350名平民受伤"①。以色列迫于舆论压力不得不停止军事行动。正因如此，俄罗斯的混合战争策略中强调利用"公民大军"，即侵略国在被侵略国境内组建的"军队"，包括"第五纵队、外国势力代理人、受敌人控制的合法的秘密反对团体及其活跃的社会基地、当地居民组成的各种非正规武装组织"② 等。不过，"公民大军"仍然是由自然人组成，要想避免大量人员伤亡，使用人工智能才是最佳选择。

从成本上看，混合战争既需要陆、海、空军和特种部队等传统军事力量的参与，又需要信息、网络、情报人才以及科技公司、互联网企业等私人机构的支持，每一个环节都要求参与人员必须具备相关专业技能和知识。信息时代，人才培养不仅要耗费大量时间还要有相当的资源投入。在不计时间成本和机会成本的前提下，在美国，培养一名F-22飞行员，大约要花费1100万美元，培养一名F-35飞行员，则要花费1000万美元；在俄罗斯，军事外交学院培养"格鲁乌"情报人员的费用为每人每年3万美元。而一架高品质的无人机只要1000—1100美元。如果能够用人工智能技术替代人力资源，就可以减少人员损失，从而有效节省人才培养成本。

---

① Anthony Cordesman. Preliminary "Lessons" of the Israeli - Hezbollah War [J]. Center for Strategic and International Studies, 2006-08-17：16.
② 马建光，李元斌. "混合战争"及其特点：俄罗斯学者视角的解析 [J]. 俄罗斯东欧中亚研究，2020（05）：28.

2. 人工智能实现精准识别

混合战争的非对称性决定了战争对手可能是国家也可能是非国家行为体，所以战场可能发生在任何区域，包括人口密集的城镇以及互联网虚拟空间。为了瓦解对方民众的抵抗意志和凝聚力，应对不同目标和信息加以甄别并采取有针对性的措施，从而避免传统军事行动的大规模、无差别攻击造成的敌意和仇恨，混合战争参与者需要具备精准识别能力。

第一，精准识别实体目标。在混合战争中，进攻方通常倾向于使用"斩首"行动、"定点清除"等方法以快速摧毁对手的指挥系统。2021年5月，以色列为了报复哈马斯的进攻，使用GBU-31联合直接攻击炸弹、GBU-12激光制导炸弹等武器定点摧毁哈马斯银行大楼、领导人住宅、情报机构等多处重要设施，哈马斯多名高级指挥官和工程师也被AGM-114R9X"忍者"导弹袭击身亡。[①] 这种"敲屋顶"战术通过精准识别和精确打击减少了误伤概率。整个流程的关键是精准识别实体目标所在位置和移动轨迹。"人工智能可以从海量数据中迅速而精确地确定各类事件之间的相互关系，预测当事人的下一步行动。"[②] 在其辅助下，作战系统能够同时定位多个目标并根据具体情况制定应对策略。

第二，精准识别关键信息。混合战争的手段包括非军事手段和运用各种武装力量的军事手段，其中非军事手段是主要手段。[③] 所以，网络战、信息战、认知战是常见的作战方式。作为进攻方时，作战系统会定位对方的系统漏洞发起网络攻击，寻找关键情报信息

[①] 以色列国防军：24小时内摧毁12名哈马斯指挥官住所[EB/OL]. 新华网，2021-05-19. http://www.xinhuanet.com/mil/2021-05/19/c_1211161467.htm.

[②] Eric Schmidt, Jared Cohen. The New Digital Age: Reshaping the Future of People, Nations and Business [M]. London: John Murray, 2013: 170-171.

[③] [俄] 亚历山大·巴尔托什. 混合战争：阐释与现实[J]. 独立军事评论，2016-11-7.

加以利用，根据不同目标人群的学历、经历、政治立场、兴趣爱好等推送相应信息以影响其判断和立场。作为防御方时，作战系统既要确保己方网络系统和情报信息的安全，又要及时发现并定位各类干扰信息的来源，及时制止或辟谣以防止内部团结被破坏。2000年，全世界只有大约25%的信息采用了数字化的形式；2013年，全球只有不到2%的信息未实现数字化；2020年，全球移动网络覆盖率达到93%，其中84.7%为4G网络。① 虚拟世界的海量信息无疑提高了信息精准识别的门槛，依赖人工识别不但速度较慢，精准度也难以保证。只有利用人工智能的机器学习或者深度学习能力，才能同时确保信息识别的速度与精度。

3. 人工智能辅助多线程操作

美国国防部认为：混合战争的复杂性决定了军队只是国家实力的组成部分之一；美军应与美国其他机构以及盟国组成联合部队，以完成战斗、维和、介入、救援和重建等复合任务。② 俄罗斯军事专家亚历山大·巴尔托什指出：混合战争是多维的，包括军事、信息、经济、政治、社会文化等多个子空间，每个子空间都有自己的结构、法则、专业术语和发展方案。③ 由此可见，多维性是美俄两国军事专家针对混合战争研究达成的共识。

要赢得多维性的混合战争需要作战指挥系统能够在整合战场信息的基础上，根据不同的作战目标制定适当的策略和作战手段组合的方法，并根据战争进程的变化即时调整作战手段。例如，"俄罗斯政府和军方根据多位专家的研究成果总结出一整套发动混合战争的

---

① ITU. Measuring Digital Development: Facts and Figures [R]. 2020: 4.
② U.S. Department of Defense. Capstone Concept for Joint Operations Version 3.0 [R]. 2019: 1-14.
③ [俄] 亚历山大·巴尔托什. 混合战争：阐释与现实 [J]. 独立军事评论，2016-11-7.

方案，分 8 个步骤层层推进"，① 包括：非对称战争、掩盖意图、渗透战、宣传战、雇佣代理人、颠覆政权、全方位打击和地面部队扫荡残敌。每个步骤的手段、目标和参与力量都各有特点。战争决策者需要根据具体情境确定执行方案，可能各个步骤依次推进，也可能几个步骤同时展开。然而，复合式作战任务与军事、经济、政治、舆论、网络等多重子空间叠加后，会导致战场情境极为复杂，指挥人员需要同时在现实和虚拟世界的多个战场配置资源和人力并给出明确的行动方针。麻省理工学院皮考尔学习与记忆研究所的神经学家米勒教授通过研究发现：大脑在处理多个任务时，脑内图像流感觉上是无缝的，但事实上它需要一系列微小的打断，这种微小的打断会浪费时间并且增加犯错的可能。所以，为了避免指挥人员犯错，使用人工智能技术辅助多线程操作，弥补大脑工作机制的不足，是混合战争中的必要手段。

（三）人工智能在智能化混合战争中的应用路径

人工智能的发展大致可以分为自动控制、机器学习和深度学习三个阶段。作为最基础的人工智能技术，自动控制是根据已设定好的程序执行脚本任务的自动化系统。2000 年以后，机器学习系统逐步成熟。这种系统不需要事先编程，而是通过读取大数据识别目标行为模式，通过自我行为修正提高对未来行为模式的分类能力。2010 年之后，深度学习系统的研究逐步兴起。深度学习系统使用多层人工神经网络识别数据模式，而不是像机器学习系统那样针对特定任务

---

① Sergei G. Chekinov, Sergei A. Bogdanov. The Nature and Content of a New – Generation War [J]. Military Thought, 2013 (04): 18.

使用特定算法。① 智能化混合战争的特征要求人工智能能够执行人力资源替代、精准识别和多线程操作三类任务。三类人工智能系统在智能化混合战争中不同的应用路径（详见表 2-1）形成了智能化混合战争不同的发展阶段。

表 2-1　人工智能系统在智能化混合战争中的应用路径

阶段	人力资源替代	精准识别	多线程操作
自动控制	机械机器人	关键词提取	无
机器学习	自动驾驶载具	情报分析和技术侦察 信息精准投放	辅助决策
深度学习	致命性自主武器系统	检测系统漏洞 预测目标行为	自主决策

资料来源：笔者自制。

1. 自动控制：智能化混合战争的雏形

自动控制系统是人工智能最基本的应用形态，虽然能够自动执行脚本任务，但是需要事先编程，且能够完成的技术动作仅限于简单的机械化动作。这一阶段的人工智能以辅助行动为主，尚不具备多线程操作的能力。

自动控制系统在搜集和分析情报方面的能力较为原始，基本停留在搜索引擎经常使用的关键词提取技术，通过设定好的算法提取目标词汇或短语，找出海量信息中的关键点，再交由人工识别和分析。虽然随着算法的进步，自动控制系统提取关键词的速度和精度不断提高，但是仍不具备主动分析和处理信息的能力。

---

① Jerry Kaplan. Artificial Intelligence: What Everyone Needs to Know [M]. Oxford, UK: Oxford University Press, 2016: 27-34.

在自动控制系统基础上开发的机器人属于比较初级的机械机器人，其本质上属于人体机能的延伸，最早主要应用于工业领域，从事流水线上繁重固化的加工装配工作。机械机器人虽然只是半人工智能，但也能够在混合战争中担负辅助侦察、清除危险物品、自杀性攻击、运送物资等任务。此类设备由于价格低廉，往往受到恐怖组织、极端组织等缺乏足够资源支持的非国家行为体的青睐。

2. 机器学习：智能化混合战争的进阶

机器学习阶段的人工智能已经具备了定制性和通用性，可以处理较为复杂的问题，并在一定程度上拥有了学习能力，能够在大数据的支持下从事不熟悉领域的工作。因而，这一阶段的人工智能可用于提高作战系统的灵活性和针对性，从而为混合战争的推进提供更多支持和帮助。

在人力资源替代方面，以无人机为代表的自动化载具由遥控阶段进入半自主阶段，自动驾驶载具大量进入军事领域。借助5G传输、云计算和大数据技术，自动驾驶载具能够自主完成运行环境识别并计算出最佳运动轨迹，操作者则可腾出精力专心完成侦察、破坏、精确打击等重要任务。除了常规战场，自动驾驶载具在非常规战场中也能够凭借高超的机动能力潜入人类难以进入的关键区域、设施和机构，完成相应任务。

在精准识别方面，进化到机器学习阶段的人工智能在图像识别领域已经超越人类，甚至能够在没有精确资料的情况下通过人脸识别技术标记出人群中的危险目标。人工智能通过机器学习可以找出一些事件之间存在的隐秘关联性，从而为一些特别行动提供切入点。人工智能还可通过对不同人群的精准分析向其定向投送信息，根据不同人的阅读习惯和思维方式编辑信息的内容和表达方式，以构筑信息壁垒，达到影响他们偏好和认同的效果。

在多线程操作方面，机器学习阶段虽不能完全接管作战指挥系统，但是可以依靠速度优势加快决策进程，扩大在信息化战场中的对抗优势。以空军为例，在人工智能接管空中支援、侦察和协同打击任务之后，指挥官只需根据战场形势作出最重要的决策。从理论上讲，机器学习系统可在几毫秒内对作战空间的变化作出反应，[①] 而任何人工团队都无法达到这种速度。但是，基于机器学习的人工智能仍不够完善。

3. 深度学习：智能化混合战争的成熟

深度学习是一种复杂的机器学习算法，其概念源于对人工神经网络的研究，最终目标是让人工智能像人脑一样具有分析、学习和认知能力，形成真正的"类人"智能。2006年，谷歌公司副总裁杰弗里·辛顿首先提出建立多层神经网络的有效方法。随后，美国的IBM和中国的科大讯飞、百度、中国科学院自动化所等机构投入到深度学习的开发之中，并取得了一系列成果。

首先，自动驾驶载具将进化为致命性自主武器系统。这种系统能够在不依赖人类指令的条件下完成目标识别、武器选择和精确打击等一系列操作。根据作战任务划分，致命性自主武器系统可分为无人机平台、无人地面载具平台、无人航行器、智能弹药等。2023年8月，美国国防部常务副部长凯瑟琳·希克斯公布"复制器"计划，首要任务是在未来18—24个月内，在陆海空多个领域部署数千个自主武器系统；[②] 美国海军计划于2045年前配备150艘大型无人

[①] Sergey Levine, Peter Pastor, Alex Krizhevsky, Deirdre Quillen. Learning Hand – Eye Coordination for Robotic Grasping with Deep Learning and Large – Scale Data Collection [J]. International Journal of Robotics Research, 2017, 37 (4 – 5): 421 – 436.

[②] Joseph Clark. Defense Officials Report Progress on Replicator Initiative [N/OL]. DOD News, 2023 – 12 – 01. https://www.defense.gov/News/News – Stories/Article/Article/3604459/defense – officials – report – progress – on – replicator – initiative/.

舰艇和潜航器，发挥"感知"和"辅助火力"的作用；① 美国空军计划通过"小精灵"（Gremlins）、"进攻性蜂群使能战术"（OFFSET）、"天空博格人"（Skyborg）等项目，② 快速推进无人机蜂群作战技术的发展。英国、俄罗斯、以色列、土耳其等国也在不断推进无人机蜂群作战的验证实验。

其次，进化到深度学习阶段的人工智能除了能够识别图像、语音、文字等静态信息之外，还能够借助粒子群优化算法、神经网络算法、蚁群优化算法、遗传算法等，③ 识别和破解更为复杂的信息结构。2020 年，谷歌旗下的"深层思维"（DeepMind）公司开发出 AlphaFold 算法，④ 用于预测蛋白质结构。⑤ 2022 年，该算法破解了几乎所有已知的蛋白质结构，构建起超过 2 亿种已知蛋白质结构的数据库。在可预见的未来，同类算法可用于探测网络系统的漏洞，计算出对方金融系统、贸易系统、教育系统、交通系统、工业系统等现实社会领域中的弱点，并有针对性地发起攻击。这种算法甚至能够预测每个个体的行为模式，以确定混合战争的合作对象、可利

---

① U. S. Naval Institute. UPDATED：Navy's Force Design 2045 Plans for 373 Ship Fleet，150 Unmanned Vessels［N/OL］. 2022 - 07 - 26. https：//news. usni. org/2022/07/26/navys - force - design - 2045 - plans - for - 373 - ship - fleet - 150 - unmanned - Vessels.

② 美国国防高级研究计划局于 2015 年启动"小精灵"（Gremlins）项目，旨在开发可回收和重复使用的无人机；于 2016 年启动"进攻性蜂群使能战术"（OFFSET）项目，旨在开发无人机的进攻性蜂群战术；于 2018 年启动"天空博格人"（Skyborg）项目，旨在开发和部署一种人工智能驱动的无人机系统，它可以与有人飞行器进行协同操作。

③ 粒子群优化算法（Particle Swarm Optimization，PSO）是一种全局优化算法，基本思想是通过模拟群体行为来寻找问题的最优解；神经网络算法（Artificial Neural Network，ANN）是一种模拟人脑神经系统的工作方式，对数据进行分析和学习的算法；蚁群优化算法（Ant Colony Optimization，ACO）是一种模拟自然界蚂蚁觅食行为的优化搜索算法，主要用于解决一些复杂的组合优化问题；遗传算法（Genetic Algorithm，GA）以生物学中的进化论为基础，通过模拟自然界中的生物进化过程来解决优化问题。

④ AlphaFold 算法使用一个深度神经网络，通过大量的训练数据（已知的蛋白质结构）来学习如何预测蛋白质的三维结构，然后在给定一个新的蛋白质氨基酸序列时，预测出其可能的三维结构。

⑤ Tom Whipple. DeepMind Finds Biology's "Holy Grail" with Answer to Protein Problem［N］. The Times，2020 - 11 - 20.

用群体以及清除目标，实现侦察、探测、通信与干扰自适应一体化设计技术。

最后，人工智能不再是决策环节中的辅助角色，而是凭借速度优势主导决策，在更短时间内作出更加科学合理的决策，并无缝接入行动环节。2022年11月，美国人工智能研究实验室OpenAI推出了人工智能技术驱动的自然语言处理工具ChatGPT。该程序拥有语言理解和文本生成能力，能够执行文字编辑、看图作答、数据推理、分析图表、视频编辑、图片生成、翻译、编写代码等任务；ChatGPT－4甚至能够在美国律师资格考试中取得前10%的成绩，在SAT数学考试中得到700分（总分800分），在国际生物学奥林匹克竞赛中排名前1%。人工智能凭借先进算法、庞大的数据库和语料库，获得了超越人类的学习速度和信息处理速度，具备了取代部分人类工作的可能性，从而使构建一个深度参与混合战争的人工智能平台成为可能。

近年来，随着人工智能技术的不断发展和成熟，其在军事领域的应用已经引起了广泛的关注。人工智能不仅在传统的武器系统和军事战略中展现出极大的潜力，还逐渐改变了战争的形态，甚至影响了国际安全格局的变化。这一技术的进步促使各国军队在装备、战略和战术等方面进行深度创新，同时也带来了全新的战争形态，即智能化混合战争。而智能化武器系统，如无人机、自动化防御系统和智能导弹，依托人工智能技术，不仅大大提升了作战效率，还能够在复杂多变的战场环境中作出实时反应。智能化武器系统的广泛应用，使得传统作战模式逐渐被颠覆，战场上的人力需求降低，取而代之的是智能化设备的运用。这些系统通过自动化和智能化的指挥控制，可以在不依赖人类决策的情况下自主执行复杂的作战任务。通过大数据分析、机器学习和深度学习等技术，人工智能能够快速处理和分析海量信息，从而在网络战、信息战中起到关键作用。

在人工智能的辅助下，心理战和舆论战可以达到前所未有的精准度。利用人工智能生成的虚假信息或伪造视频，可以通过社交媒体迅速传播，影响公众舆论，甚至在敌方内部引发混乱和不信任。此外，人工智能还可以预测和影响敌方决策者的行为，使其在战场上陷入困境。总的来说，智能化混合战争的出现，使得战争形态变得更加多元和复杂，对国家安全带来了全新的挑战。各国在面对智能化混合战争威胁时，必须加强技术储备、提升作战能力，并制定相应的战略应对措施。与此同时，国际社会也需要在这一新兴领域建立新的规则和规范，以维护全球的和平与安全。

第三章 世界主要国家和国际组织的混合战争理论

智能化混合战争的形成令传统军事力量和威慑手段在面对混合战争时显得力不从心。中小国家和非国家行为体在混合战争中能够通过非军事手段，如网络攻击、虚假信息传播等，逐步削弱大国的综合实力和国际影响力。因此，混合战争对大国的国家安全构成了直接威胁，除了传统国家安全，还涉及关键基础设施、社会秩序、民众认知等非传统安全领域。美国国防部2020年的一份报告指出，混合战争中的网络攻击可能会导致国家电网、金融系统等关键基础设施瘫痪，严重威胁国家安全和社会稳定。[1] 如果大国仍旧沉湎于常规武装力量与核力量的优势，依赖原有的军事战略战术，将难以在智能化混合战争中取得优势。

智能化混合战争的多维度打击方式要求大国必须具备多层次、多领域的防御能力。传统的军事威胁主要集中在物理域，而智能化混合战争则将战场扩展到了信息域和认知域。这意味着大国不仅要保护其领土和物理基础设施，还需要防范网络系统的攻击、舆论的操控和认知战的威胁。如果缺乏有效的应对策略，任何一个领域的漏洞都可能被对手利用，从而削弱国家整体的安全防御能力。在智能化混合战争中，对手可能利用网络攻击、虚假信息传播等手段，

---

[1] United States Department of Defense. DOD Strategy for Defending the Homeland against Cyber Threats [R]. 2020.

制造社会恐慌，挑起内部矛盾，从而削弱政府的执政能力和社会凝聚力。大国如果不能有效地识别和应对这些威胁，可能会导致社会动荡、民众信心下降，进而对国家的长期发展产生负面影响。总之，面对智能化混合战争，大国需要具备前瞻性的战略思维和应对能力，通盘考虑军事、政治、经济、外交、科技等多个方面，建立一体化的国家安全体系，确保在危机发生时迅速协调各方资源，实现对多维度威胁的快速反应。此外，大国必须意识到智能化混合战争带来的长期战略挑战，在维护自身安全的同时，保持战略定力和斗争精神，避免在对抗过程中被对手拖入消耗战。

综上所述，在当今复杂的国际环境中，智能化混合战争已成为大国必须面对的现实威胁。大国应对混合战争的必要性不仅体现在维护国家主权和安全上，还关乎保持国际地位、预防战略环境恶化和提升国家综合实力。为了能够有效应对混合战争的威胁以维护国家安全，或者赢得下一场局部战争或冲突以扩展自身利益和影响，美国和俄罗斯最早提出并系统性研究了混合战争理论。它们在各自的军事战略和实际行动中，都对混合战争的概念进行了深入的探讨和应用。随着地区形势和国际格局的变化，以色列、北约[1]和欧盟也开始关注混合战争，并取得了一定的研究成果。

一、美国混合战争理论

2001年"9·11"事件后，美国战略专家普遍认为当今世界产生了一系列新的威胁国际安全的因素，美国的安全和利益正在受到

---

[1] NATO. NATO 2030: United for a New Era – Analysis and Recommendations of the Reflection Group Appointed by the NATO Secretary General [R]. 2021.

更加复杂且难以预测的敌人的威胁。失败国家和交战区成为极端分子和恐怖组织的"乐园";非国家行为体在各国竭力扩展影响力;新兴大国的综合实力快速接近美国并寻求重塑国际秩序;重大安全事件由现实世界向虚拟空间蔓延。美国只有整合手中所有的常规和非常规资源才能有效应对这一复杂多变的安全形势。美国是混合战争概念的首创者,同时也是这一战略的主要实施者。随着混合战争在全球范围内的逐步实践,尤其是俄罗斯的混合战争理论在实际行动中取得显著成效后,美国的混合战争理论和实践也随之不断演变,并进一步发展了与混合战争密切相关的"灰色地带"理论、认知战理论等。

(一)理论内涵

1. 起源阶段

混合战争的概念最早可以追溯到20世纪后半叶的非传统战争实践。"第四代战争"[①]、复合战争[②]、"三个街区战争"[③] 等学说为美国混合战争理论的产生奠定了谱系基础。混合战争这一概念很大程度上建立在复合战争的理论基础之上,进一步强化了恐怖主义与犯罪行为之间的协同融合。复合战争理论强调了传统军事手段与非传统行动(如恐怖主义和犯罪活动)之间的交织和相互作用,这一理论

[①] Thomas Hammes. War Evolves into the Fourth Generation [J]. Contemporary Security Policy, 2005, 26 (02): 189.

[②] Thomas M. Huber. Compound Warfare: A Conceptual Framework [A]. in Thomas M. Huber, ed., Compound Warfare: That Fatal Knot [C]. Kansas: U. S. Army Command and General Staff College Press, 2004: 1.

[③] Charles C. Krulak. The Strategic Corporal: Leadership in the Three Block War [J]. Marine Corps Gazette, 1999, 83 (01): 18-23.

为理解现代战争的复杂性提供了重要视角。弗兰克·霍夫曼在其研究中承认，复合战争理论对混合战争概念的生成和发展有着深远的影响。他认为，复合战争中的恐怖主义和犯罪行为的结合，展现了现代战争中的非对称性和混杂性。在混合战争的框架下，战斗不再局限于传统的军事冲突，还包括了恐怖袭击、网络攻击和其他非传统形式的作战。

此外，"三个街区战争"这一术语在"混合战争"战略术语的形成过程中也有重要的推动作用。这个术语强调了战斗的复杂性和多层次特征，特别是在城市环境中进行的战斗。它突出了在紧密的城市环境中，军事行动往往需要协调不同领域的战术手段，包括步兵战术、城市战斗和情报收集等。这种多层次和跨领域的战术应用，使得战争的执行变得更加复杂和多元化，也为混合战争概念的具体应用提供了实际的案例和经验。

2. 形成阶段

2005年，时任美国海军陆战队作战发展司令部司令詹姆斯·马蒂斯（曾任特朗普政府的国防部长）与时任美国陆战队作战发展司令部新兴威胁和机遇研究中心研究员弗兰克·霍夫曼首次使用"混合战争"一词描述美国面临的新安全状况。[①] 2006年黎以冲突（即以色列与黎巴嫩真主党之间的冲突）后，混合战争的概念在美国军方和学术界得到了广泛讨论和推广。在这场冲突中，黎巴嫩真主党运用了常规军事手段、非常规战术和恐怖主义策略的混合，使得以色列国防军陷入困境。美国学者从这一案例中洞察到现代战争形式的演变，开始探讨如何应对由多种战争形式交织在一起所构成的威

---

① James N. Mattis, Frank G. Hoffman. Future Warfare: The Rise of Hybrid Wars [J]. Proceedings 131, No. 11, 2005.

胁。2007年，弗兰克·霍夫曼进一步明确了混合战争的定义："混合战争涵盖了一系列不同形式的战争手段，包括常规武装力量、非常规战术和技术、恐怖袭击（如无差别使用暴力、威慑、制造社会混乱）等。"[1] 根据这一定义，部分美国专家列出了混合战争的三大主要特征——全向性、同步性和非对称性，并从以下五个方面加以解释：

（1）混合战争的敌人既包括主权国家也包括非国家行为体，如恐怖组织、非政府组织以及代理人。

（2）在混合战争中，所有战术、手段和武器都可以依据不同情况单独或者相互配合使用。

（3）混合战争更加依赖先进武器和尖端技术，比如，无人机、木马程序和电脑病毒。

（4）混合战争中的敌人变幻莫测，平民也可以像士兵一样发起进攻。

（5）交战区与非交战区的界限是模糊的，攻击可能发生在任何区域。

混合战争理论提出的最初几年，美国国防部一直对新理论持谨慎态度。因为他们认为该理论的一些细节问题还需深入探讨，且还要在实战中观察其有效性。然而，俄罗斯在乌克兰、克里米亚以及叙利亚的成功改变了他们的看法。即便综合实力与美军存在较大差距，俄罗斯仍旧凭借混合战争在上述地区取得了优势。真主党在黎巴嫩的胜利和"伊斯兰国"在伊拉克的"建国"也同样运用了混合战争的战略战术。这些都证明了混合战争理论的可行性。同时，美国国防部也亟须找到一种能够重新定义战争的新军事理论来防止阿

---

[1] Frank G. Hoffman. Conflict in the 21st Century: The Rise of Hybrid War [J]. Potomac Institute for Policy Studies, December 2007: 14.

富汗和伊拉克灾难的重演。最终，美国在2015年发布的《国家军事战略》中正式将混合战争列为对国家安全的重大威胁之一。

3. 发展阶段

2014年，俄罗斯在克里米亚的军事行动促进了美国混合战争理论的新发展。俄罗斯通过将特别军事行动与网络战、认知战相结合，充分调动常规军事力量和非常规军事力量，实现了对克里米亚的迅速控制，并占据了法理和道义制高点，赢得国际舆论的同情或支持。该行动的成功促使美国军事学者更加重视混合战争理论的发展。

第一，美国学者将混合战争的应用范围从军事冲突扩展到包括政治、经济、信息和社会领域，强调国家和非国家行为体如何通过综合运用军事和非军事手段来达成战略目标。[1] 第二，美国开始从大国竞争和权力转移的视角审视混合战争，将混合战争与冷战思维相结合，尤其警惕来自俄罗斯和中国的挑战。因此，美国国防战略文件指出，大国竞争的新时代需要新型的混合战争策略，以应对对手在"灰色地带"行动中所展现的挑战。这些"灰色地带"的行动往往达不到传统战争的程度，但通过混合战争手段达到政治目的。[2] 第三，认知战在混合战争中的作用越来越受到美军关注。由于社交媒体和网络空间的重要性不断提升，以及生成式人工智能的成熟，认知战成为混合战争的重要组成部分。利用操纵信息、传播虚假消息和心理战，对手可以在不动用传统军事力量的情况下，通过塑造认知影响对方决策过程和社会舆论，实现其战略目标。

美国的混合战争理论从21世纪初期逐渐成形，是对现代战争中

---

[1] Frank G. Hoffman. The Evolution of Hybrid Warfare and Key Challenges [J]. Small Wars Journal. 2016.

[2] Department of Defense. Summary of the 2018 National Defense Strategy of the United States of America: Sharpening the American Military's Competitive Edge [R]. Washington, D. C. 2018.

多种作战形式交织现象的观察与分析。经过近二十年的发展，这一理论已经成为理解和应对现代复杂战争环境的关键框架。面对越来越多的非传统威胁，混合战争理论成为美国及其盟友的多维度、多层次的战争应对策略。

（二）战略目标

美国混合战争理论的战略目标是其在21世纪的国际政治和军事环境中继续扮演关键角色，谋求通过多维度的方式影响和削弱对手，而不必发动全面战争。具体包括：维护国家利益、威慑和遏制潜在对手、削弱敌对国家或组织的能力、强化区域影响力、影响政治局势和公共舆论。

第一，美国实施混合战争的根本战略目标是保护其国家利益。2003年小布什政府盲目发动伊拉克战争，导致美国软实力受损；2008年金融危机再度削弱美国的实力和影响力。所以，美国混合战争理论试图通过灵活运用军事和非军事手段，迅速应对全球范围内的各种威胁，并有效保护能源供应安全、维持贸易体系和同盟体系稳定、遏制恐怖主义、防止大规模杀伤性武器的扩散。

第二，威慑和遏制潜在对手。面对新兴市场国家，尤其是中国的迅速发展，美国的防范心理随即增强，全力威慑和遏制潜在对手，试图维持其主导的全球秩序。2017年美国《国家安全战略》报告将"大国竞争"视为美国最大的安全威胁。2021年，拜登政府继续将战略重点调整为大国竞争。但是，受制于"核恐怖平衡"，美国难以直接对潜在对手诉诸武力，所以借助混合战争对目标国家进行干涉，以保障自己的战略地位。

第三，削弱、限制敌对国家或组织的能力。美国在全球多个地区，如中东和东欧，通过军事干预、经济制裁、网络攻击以及代理人战争，限制敌对势力的发展。在叙利亚内战期间，美国以打击"伊斯兰国"为名，支持叙利亚反对派武装，试图削弱叙利亚阿萨德政府，以及俄罗斯和伊朗在当地的影响力。

第四，强化区域影响力。美国通过建立和强化地区内的军事基地、联盟体系和外交网络，在全球范围内强化其区域影响力，尤其是在战略意义重大的地区，确保在出现危机时能够快速反应。例如，美国自2009年以后持续强化在亚太地区的军事存在和外交活动，旨在遏制中国在该地区日益增长的影响力，并确保美国的战略利益不受威胁。在中东，美国通过支持盟友和代理人的力量，为其提供经济援助、军事训练和情报共享，巩固其与当地盟友的关系，维持其在该地区的主导地位，遏制伊朗等地区性挑战者的扩张。

第五，影响政治局势和公共舆论。美国混合战争理论特别注重利用社交媒体和其他现代通信工具，引导和塑造民众的认知，影响目标国家的政治局势和公共舆论。通过操控信息流、制造虚假新闻和开展心理战，美国可以在目标国家内部制造分裂、削弱政府的合法性，并影响公共舆论的走向。这种非传统的战争手段不仅在战时有效，而且在和平时期同样可以作为战略工具。

（三）实践手段

美国混合战争理论与其霸权政策息息相关，因而表现出明显的进取性。美军长期坚持"技术制胜论"，又促使其将人工智能、致命性自主武器、精确制导武器等先进技术融入混合战争；伊拉克战争后，美国逐步减少了直接武力干预，呈现出非暴力的倾向。所以，美国的混合战争行动以"非暴力控制"为主要方针，坚持针对竞争对手的弱点和劣势展开攻势，综合利用多种手段，打击、削弱对方的发展潜力、社会稳定、外交影响力、国际形象等，最终拖垮对方，迫使其接受美国的规则和偏好。

1. 军事干预

截至 2024 年，美国仍然保持着全球最庞大的常规军事力量与核力量。2024 财政年度，美国的军事预算为 8420 亿美元，远远超过世界上任何国家。在所有常规武装力量中，美国特种作战部队、无人载具系统、致命性自主武器系统、人工智能等在混合战争中扮演着重要角色。

2. 代理人战争

美国通过支持区域内的反政府武装、提供武器和情报支持，间接参与冲突而不直接介入，减少士兵伤亡以及相应的道德谴责。除了支持区域内的相关力量，美军还雇佣私人军事公司参与混合战争，提供各种军事和安全服务，包括保护、训练、后勤支持以及参与军事行动。较为著名的美国私人军事公司包括 Academi（前身为黑水国际，Blackwater Worldwide）、DynCorp International、Triple Canopy、Aegis Defense Services、KBR, Inc.（前身为 Kellogg Brown & Root）、Constellis Group、MVM，Inc.。这些公司通过与美国政府机构（如国务院、中央情报局、国防部、国土安全部）或跨国公司签订商务合同，提供风险评估、安全保护、军事训练、情报收集、战区后勤等服务。

3. 经济制裁

美国主导了战后金融贸易体系的构建，因而在金融和经贸领域获得了规则制定权，能够利用国际规则阻止或限制其对手进入国际金融系统或贸易体系，以经济压力迫使对方放弃原有政策偏好，具体包括调低债务评级、踢出环球银行间金融通信协会（SWIFT）系统、做空股票和汇市、贸易禁运、挤出全球供应链和价值链等。

4. 网络战

网络战包括网络防御和网络攻击。网络防御是利用人工智能识别恶意软件和渗透工具，保护己方设施免遭攻击；网络攻击是通过破坏对方重要网络设施或者窃取重要情报，以达到瘫痪敌方的指挥控制系统、破坏关键基础设施，甚至影响对方社会经济的目的。2010年的美国使用"震网"病毒攻击伊朗核设施就是网络攻击的经典案例。目前，美国又开发了一系列新的网络战手段，比如"火焰"间谍软件、分布式拒绝服务攻击（DDoS）、Cobalt Strike 渗透测试工具、TCPDump 识别和分析信息工具等。

5. 舆论操控和认知塑造

作为互联网的发源地，美国不仅掌握了全球13台根域名服务器中的9台，而且创建了大量影响全球的社交平台。因此，一方面，美国能够利用多种媒体工具，传播有利于自身的叙事，同时打击和削弱敌对国家或组织的信任度和合法性。通过新闻报道、社交媒体、虚假信息和心理战术，引导和影响公众舆论、分裂敌方内部并削弱其战斗意志、引发社会动荡、煽动抗议或在敌方国家内部制造混乱。另一方面，美国通过设立专门的网络宣传团队，反击敌对国家或组织传播的虚假信息。这些团队负责监控、分析并反击敌方的宣传，确保美国的叙事在国际舞台上占据主导地位。这种反宣传不仅是被动的防御，更是一种主动的战略进攻，用以削弱敌方信息战的效果。

6. 外交孤立

美国通过"小院高墙"策略，巩固和扩大其全球联盟网络，在欧洲、亚太等区域形成若干战略包围圈，以加强与盟友的军事和情报合作，孤立、遏制潜在敌对国家，削弱对手在国际社会中的影响力。

7. 法律和道义工具

利用国际法和人权议题打击对手的合法性，以合法化美国的混合战争行动，争夺道义和法律制高点；通过国际诉讼、制裁法律等方式，合法化美国的经济制裁和军事行动，减少国际反弹并增加其行动的合法性。

总之，美国的混合战争工具涵盖了从硬实力到软实力的广泛领域，综合运用军事干预、代理人战争、经济制裁、网络战、舆论操控和认知塑造、外交孤立及法律和道义工具，以多维度方式达成其战略目标。

表 3–1　美国混合战争手段

战场	工具	使用方式
物理域	军事干预	使用常规武装力量、无人载具系统、致命性自主武器系统等摧毁对方有生力量；利用美国特种作战部队执行渗透和破坏行动；借助人工智能分析数据和情报，辅助指挥决策
	代理人战争	美国通过支持区域内的反政府武装、提供武器和情报支持，间接参与冲突；雇佣私人军事公司，提供各种军事和安全服务
	经济制裁	利用金融和经贸领域的规则制定权，阻止或限制其对手进入国际金融系统或贸易体系，以经济压力迫使对方放弃原有政策偏好
信息域	网络战	网络战包括网络防御、网络攻击。网络防御是利用人工智能识别恶意软件和渗透工具，保护己方设施免遭攻击；网络攻击是破坏对方重要网络设施或者窃取重要情报

续表

战场	工具	使用方式
认知域	舆论操控和认知塑造	利用多种媒体工具，传播有利于自身的叙事，同时打击和削弱敌对国家或组织的信任度和合法性，激发社会动荡、煽动抗议或在敌方国家内部制造混乱；设立专门的网络宣传团队，确保美国的叙事在国际舞台上占据主导地位
	外交孤立	通过"小院高墙"策略，巩固和扩大其全球联盟网络，孤立、遏制潜在敌对国家，削弱对手在国际社会中的影响力
	法律和道义工具	利用国际法和人权议题打击对手的合法性，争夺道义和法律制高点；通过国际诉讼、制裁法律等方式，合法化美国的经济制裁和军事行动

资料来源：笔者自制。

二、俄罗斯混合战争理论

2013—2020年，虽然俄罗斯官方文件中尚未直接使用"混合战争"一词，但是俄罗斯在混合战争领域投入了比美国更多的精力和时间，展现出对这一战略概念的深刻理解和高度重视。俄罗斯军方、情报机构以及研究机构倾注了大量资源，专注于从理论到实践层面的全面研究，以期在现代战争形态的转型中占据有利位置。俄罗斯对混合战争的关注并非偶然。随着传统战争方式的局限性日益显现，俄罗斯政府和军方意识到，仅仅依赖常规军事力量已经不足以实现其国家战略目标。混合战争，作为一种结合了军事、政治、经济、信息和心理等多维度手段的复杂战争形式，正逐渐成为俄罗斯实现地缘政治利益的重要工具。在此背景下，俄罗斯通过一系列实践行动，如在格鲁吉亚、叙利亚和克里米亚的军事干预，展示了对混合战争理论的应用和发展能力。这些行动不仅为俄罗斯赢得了战术优势，更让世界看到了其在新型战争形态中的成熟运用。

在学术研究层面，俄罗斯军方和学术界对混合战争的研究显得更加系统化和深入。相比之下，尽管美国最早提出了混合战争的理论框架，但俄罗斯的研究成果在广度和深度上均显得更加突出。俄罗斯的高级军官、战略专家和军事理论家们，从不同角度对混合战争的特点、实施方式以及应对策略进行了详尽的分析。他们的观点和见解，不仅在俄罗斯国内广泛传播，更在国际安全与战略研究领域引起了极大的关注。

相比美国混合战争理论，俄罗斯混合战争理论特别注重混合战争中的网络战和认知战。俄罗斯通过培养大量技术人才，开发先进的网络攻击工具，不仅提高了对敌方信息系统的威胁能力，也加强了自身在这一新兴战场上的防御和反制能力。这种双重能力的建设，使得俄罗斯在面对西方的技术封锁和制裁时，依然能够保持相当的战略主动性。此外，俄罗斯专家们认为，通过操控信息、制造舆论和心理战术，可以在不发动大规模军事冲突的情况下，利用虚假信息传播、黑客攻击、舆论操控等手段，干扰目标国家的政治进程和社会稳定，实现对敌国的有效打击和战略遏制。

一些学者甚至认为，尽管美国是最先提出混合战争理论的国家，但俄罗斯的研究成果显然更具系统性和实用性。俄罗斯的研究不仅限于理论探讨，更注重将这些理论应用于实战演练和实际军事行动中。在实战过程中，俄罗斯军方领导人和战略制定者们不断总结经验、修正理论，使得混合战争的理论体系愈加完善。这种理论与实践的紧密结合，使俄罗斯在混合战争领域取得了超乎预期的高额回报，并引发了国际社会对其军事战略的高度关注。

（一）理论内涵

俄罗斯混合战争理论的形成和发展是其对冷战后全球安全环境

变化的反应，以及对新型战争形式的探索与发展。冷战结束后，传统的两极对抗格局解体，全球安全形势日益复杂化，国家间的对抗不再局限于传统的军事冲突，而是转向了更加多样化的非传统战争手段。因此，俄罗斯学者对混合战争理论有各种不同的理解和建构，并给出了不同的解释和定义。

康斯坦丁·希夫科夫博士认为混合战争的实质是在不使用常规军事手段的情况下实现既定政治目标。在混合战争中，常规武装力量可以和非常规手段混合使用。非常规手段主要包括信息战、特种战、经济战、情报战、秘密破坏等。但是，混合战争的第一波攻击应该由情报战和经济战承担。混合战争的关键在于使用现代化宣传手段改变敌方平民的政治认同、削弱其对本国政府的忠诚，进而煽动大规模暴动以推翻其政府并扶植新政府上台，从经济、政治等多个维度全面控制该国。[1]

马赫穆特·加列耶夫将军并不认为混合战争是一种新理论，但是他相信信息战将会是未来战争中的决定因素。互联网时代的信息战赋予了进攻发起者不宣而战的机会，并能以此获得巨大优势。不过，传统武装力量在混合战争中同样重要。这一点在南奥塞梯、伊拉克、克里米亚和叙利亚的军事行动中均得到证实。因此，加列耶夫将军指出：军事与非军事手段的综合运用有助于俄罗斯在不派遣大规模武装力量的前提下达到预期目的，而且能够节省战争成本。[2]

瓦列里·格拉西莫夫是俄罗斯军事理论的关键人物之一，以"格拉西莫夫主义"闻名。其理论强调了非军事手段在现代战争中的重要性，提出了"混合战争"的概念。他相信在现代战争中，和平

---

[1] Konstantin Sivkov. Future Trends in Hybrid Warfare [M]. Moscow: Military Academy Press, 2019.
[2] Makhmout Gareev. The Theory of Future Wars [M]. Moscow: Advanced Military Publications, 2016.

和战争的界限变得模糊。通过使用信息战和其他非军事手段,国家可以在不正式宣战的情况下达到战略目标;现代战争不再是传统的线性战斗,而是多维度、多层次的冲突形式;信息战是混合战争中的关键手段,通过操纵信息、控制舆论,国家可以在不使用传统军事力量的情况下削弱敌方的抵抗能力;高科技武器的运用将愈加广泛,而传统军事行动将退出历史舞台,信息战、网络战、心理战和其他非对称手段也能够达到战略目标。①

安德烈·马诺伊洛重点关注混合战争中的心理战和信息战,提出了如何通过心理战术和信息控制影响敌方国家的决策过程和公众情绪。他认为信息控制在现代战争中与传统的军事行动同样重要。②

谢尔盖·戈卢别夫专注于混合战争的多层次性问题,提出了混合战争是"综合作战"的一个形式,涵盖了从常规军事行动到信息、经济和政治手段的全面整合。他特别强调了跨部门协作在混合战争中的作用。③

普京总统的重要顾问亚历山大·杜金从地缘政治角度分析了混合战争的作用,认为混合战争是大国竞争的一种战略手段,可以通过非传统手段实现国家战略目标。④

亚历山大·巴尔托什提出了混合战争中的"综合打击"概念,认为在混合战争中,必须协调政治、经济、信息和军事手段,以同

---

① Valery Gerasimov. The Value of Science is in the Foresight. New Challenges Demand Rethinking the Forms and Methods of Carrying out Combat Operations [J]. Voyenno‐Promyshlennyy Kurier, 2013‐02‐26.

② Andrei Manoilo. Hybrid Warfare and Russia's Psychological Operations [J]. Strategic Analysis Journal, 2015.

③ Sergey Golubev. Modern Hybrid Warfare: Theory and Practice [J]. Journal of Military and Strategic Studies, 2016.

④ Alexander Dugin. Hybrid Warfare and the Fourth Political Theory [J]. Geopolitica Journal, 2014.

时打击多个敌方目标，从而削弱其抵抗能力。①

上述学者的观点共同构成了俄罗斯混合战争理论的基础，涵盖了从战略到战术层面的多维度分析。这些理论不仅在俄罗斯国内具有重要影响，也在国际战略研究领域引发了广泛讨论。俄罗斯军方以瓦列里·格拉西莫夫的观点为主，制定了相关战略战术。所以，俄式混合战争理论也被称为"格拉西莫夫主义"，主要有三大特征：

（1）高效而节省地运用实力。考虑到俄罗斯难以在常规武装冲突中战胜北约，俄罗斯希望在尽量避免投入军事力量的情况下扩展国家利益。所以，俄罗斯一方面以传统武装力量继续保持常规威慑甚至核威慑，另一方面加大对非军事手段，如互联网的利用以降低成本。

（2）持久战。混合战争打破了战争与和平之间泾渭分明的界限，其烈度随时可能改变。在某些特定状况下，混合战争会呈现高烈度甚至发展为常规战争；但是多数时间其会以低烈度形式存在，令民众难以意识到自己处于战争之中。

（3）以人为中心。过去 25 年间，俄罗斯军事专家一直跟踪观察美军及其盟军在巴尔干、中东以及其他地区的军事行动。他们发现利用新媒体、非政府组织等工具影响目标国民众的思想和认同对于战争的胜利至关重要。因此，"俄罗斯计划在混合战争中通过影响对方的政治和社会组织推进战略目标的达成"。②

（二）战略目标

2014 年以来，俄罗斯已经针对欧洲和中东地区的多个国家实

---

① Alexander Bartosh. Comprehensive Strike Strategy in Hybrid Warfare [J]. Russian Military Thought, 2017.

② Christopher S. Chivvis. Understanding Russian "Hybrid Warfare" [J]. RAND Corporation, 2017-03-22: 2.

施了混合战争。在德国，俄罗斯媒体持续发布有关穆斯林移民的负面报道，以刺激种族和宗教冲突。此举将侵蚀坚定支持外来移民的默克尔政府的执政基础，以报复其在乌克兰问题上对俄罗斯的制裁。在巴尔干半岛，经济停滞和种族对立给俄罗斯提供了向当地政府渗透并塑造其政策偏好的机会。在匈牙利和捷克，俄罗斯通过提供石油、天然气和投资扩展其影响力。在波罗的海三国，俄罗斯利用文化与民族血缘的亲近，掩盖其政治渗透的举措。在叙利亚，阿萨德政府愿意用任何代价换取俄罗斯的支持和援助，俄罗斯也利用这一点将其打造为重建中东地区影响力的桥头堡。上述行动表明：俄罗斯意图通过实施混合战争策略逐步扩展地缘政治空间和国家势力范围，以确保其在特定地区的国家利益和安全。具体目标包括：

1. 维护地缘安全

自苏联解体以来，北约和欧盟不断在东欧地区扩张影响力，吸纳新成员。1999年3月，捷克、匈牙利和波兰加入北约；2004年3月，斯洛伐克、保加利亚、罗马尼亚、斯洛文尼亚以及波罗的海沿岸国家爱沙尼亚、拉脱维亚和立陶宛7国加入北约；2009年4月，阿尔巴尼亚和克罗地亚正式加入北约；2017年6月，黑山加入北约；2020年3月，北马其顿加入北约；2023年4月，芬兰加入北约；2024年2月，瑞典加入北约。至此北约共有成员国32个，边界扩展到波罗的海和喀尔巴阡山一带。

北约和欧盟东扩的步伐严重压缩了俄罗斯的地缘政治空间。俄罗斯地势平坦，周边缺少高山、河流等天然屏障，所以历史上十分强调地缘空间对国家安全的保护作用。虽然俄罗斯一直试图重新确立其在"后苏联空间"的影响力，确保邻国不滑向西方的轨道，但是综合国力的下降导致其力不从心，只能坐视西方国家不断东扩。

2021年12月17日，克里姆林宫在对北约和美国的安全协定草案中划出"红线"，要求双方的军力部署回归到1997年5月27日的状态，且北约保证停止扩充，不在乌克兰、东欧、外高加索和中亚地区从事任何军事活动。但是依然难以阻止北约与乌克兰的接触。因此，俄罗斯试图通过在克里米亚发动"非对称"军事行动、支持乌克兰东部的分裂势力，结合网络战、认知战等战术手段，维护自身在东欧地区的地缘政治空间，阻止北约和欧盟的进一步东扩。

2. 保持地区影响力

苏联解体后，俄罗斯将欧亚地区视为"近邻"和"特殊利益区"，试图通过独联体、欧亚经济联盟、集安组织等来整合该地区，推动欧亚经济一体化。然而，"三股势力"在高加索、中亚和中东地区的蔓延，导致地区局势复杂化，俄罗斯与部分国家和地区的关系急剧恶化，地区影响力持续下降，欧亚地区不少国家对俄罗斯的"离心"倾向愈发严重，经济和政治整合步履维艰。因此，俄罗斯只能借助混合战争的战略和战术手段，帮助地区支点国家，如叙利亚、伊朗，恢复国内稳定，抵御"三股势力"渗透和西方干预。通过维持与地区支点国家的合作关系，俄罗斯得以继续保持在高加索、中亚和中东地区的影响力和话语权，避免彻底沦为三流国家，为重返世界政治舞台的中心保留可能性。

3. 降低直接军事对抗的风险

全球能源价格波动，加之俄罗斯未完成经济结构转型，致使其经济发展速度持续走低，多个年度甚至出现负增长。2023年，俄罗斯国内生产总值仅为2.02万亿美元，占世界总量的1.92%。经济实力受损令俄罗斯难以长期支付高昂的军事开支。因此，俄罗斯发展混合战争理论的重要目标之一是在不产生直接军事对抗

（或仅有短期军事对抗）的前提下，实现自身战略目标。混合战争的一个关键特点是它往往介于战争与和平之间，既可以有效打击对手，又不容易被认定为传统意义上的战争。这种模糊性降低了直接军事对抗的风险，使得俄罗斯能够在不引发北约"集体防御"条款（《北大西洋公约》第五条款）的情况下，实现其战略目标。通过非军事手段，如经济战、网络战、认知战，在不触发传统战争反应的情况下，达到其政治和战略目标。同时，俄罗斯还能够在混合战争中根据自身特点，实现多领域的战略优势。比如：通过控制能源供应，特别是天然气供应，影响欧洲国家的政策选择；通过在网络空间的广泛活动，展现其在现代战争中跨领域作战的能力，在国际舞台上形成一种综合的战略优势。

（三）实践手段

2021年7月，俄罗斯发布新版《国家安全战略》。该文件明确了俄罗斯国家安全的核心目标：保护国家主权和领土完整、维护社会和政治稳定、经济安全、保护文化与价值观。战略手段主要涉及军事力量与国防、外交战略、信息战与网络安全、科技创新与自主四个方面。[1] 该文件的主要内容体现出俄罗斯国家安全战略整体上偏向防御和保守，强调应对多元领域的挑战。因此，俄罗斯混合战争理论的防御性更加明显，而且强调降低战争成本，并不盲目追求高新技术装备。

由于俄罗斯发动混合战争的主要目标是在尽量节省经济、军事等资源的前提下抵消北约东扩以及恐怖主义和极端主义扩散带来的

---

[1] Президент России. Стратегия национальной безопасности Российской Федерации [EB/OL]. 2021-07-02. http://kremlin.ru/acts/bank/47022.

安全风险。因此,"格拉西莫夫主义"强调针对重要角色和关键部门因地制宜地使用相应工具施加影响。在混合战争中,特种部队的任务之一是与目标国家的反政府组织或反对派建立联系,里应外合,为主力部队制造快速推进的机会;大量使用精确制导武器、无人机和人工智能技术以减少人员伤亡;将宣传战、网络战、法律战、经济战及其他行动与传统军事行动配合使用,以提高战略指向性和有效性。此外,克里米亚事件的经验让俄罗斯认识到社交媒体作为宣传工具和招募工具的强大之处。所以,"通过网络空间施展非对称技术可以有效削弱敌方的军事潜力和影响力"。[1]

表 3-2 俄罗斯混合战争工具

战场	工具	使用方式
物理域	高精度武器	使用无人机、S-300 和 S-400 导弹、"克拉苏哈-4"电子干扰系统、苏-30SM 战机等先进武器摧毁敌方关键目标以支援地面部队
物理域	常规武装力量	同时对目标国家的陆、海、空和网络设施发起攻击,令对方难以组织有效反击
物理域	机密行动	利用非对称技术和间接手段向目标国家渗透,如派遣特种部队或者向其反对派提供武装
物理域	经济战	发挥石油、天然气等能源资源的杠杆作用,利诱分化对手;贿赂对方精英阶层,改变其效忠对象
信息域	网络攻击	开发和使用 NotPetya 等网络攻击工具和软件,破坏对手的关键基础设施,如电力网、通信网和金融系统,削弱对手的运作能力,造成混乱和经济损失
信息域	网络情报活动	与"奇幻熊"(Fancy Bear 或 APT28)和"舒适熊"(Cozy Bear 或 APT29)等组织合作,获取对手政府机构、军事组织、学术机构和私营企业的敏感信息

---

[1] Tony Balasevicius. Looking for Little Green Men:Understanding Russia's Employment of Hybrid Warfare [J]. Canadian Military Journal,2017,17 (03):24.

续表

战场	工具	使用方式
认知域	政治影响力	通过金元和外交手段支持目标国内的亲俄势力，破坏其国内凝聚力
	信息和认知塑造	通过传统媒体和新媒体塑造对方民众的认同偏好；资助智库和专栏作家宣传俄罗斯的政策主张；雇佣网络水军散布虚假消息

资料来源：笔者自制。

俄罗斯不仅掌握了充足工具和手段发动混合战争以达到保卫自身安全和扩展国家利益的目的，而且制定了灵活复杂的混合战争实施方案，可以根据不同目标、不同情景有针对性地选取混合战争工具，以较高的性价比实现既定战略。该方案分为8个阶段，逐层递进。

阶段1：至少在冲突发生前的一个月（也可能需要几个月甚至几年）开始行动，发起非军事、不对称战争，包括意识形态、外交和经济领域的行动。这一阶段的目标是为后续军事行动创造有利条件。

阶段2：为了误导对方的政治和军事领导人，开展特别行动，使他们难以确定真正的行动目标。外交、媒体、政府和军方高层要协调一致，向外界泄露一部分虚假的数据、命令、指令和指示。同时，实施网络攻击。本阶段军事行动的主要作用是针对敌对国家的武装部队和平民开展宣传。宣传的目的是在对方全国范围内制造混乱，使政府当局失去对经济社会的控制。

阶段3：通过网络战和认知战恐吓并欺骗敌人，或者尝试勒索和贿赂对方的高级官员，让他们放弃自身职责。操纵社会舆论并以引导、改变公众的行为，尝试隔离社会中的不满群体。

阶段4：利用特工散布虚假信息，增加公众的不满情绪，煽动他们从事反政府活动，造成混乱、恐慌。通过提供资金、武器和物资支持，扶植代理人从事颠覆活动，恶化对方国内局势。

阶段5：使用设立禁飞区、实行陆地和海上封锁等手段限制对方的作战能力；雇佣私人军事公司，令其与当地反政府武装开展密切合作。

阶段6：在情报行动的掩护下执行侦察和颠覆任务。在军事行动中，使用包括特种部队在内的各种武装力量，以及航空航天和无线电电子领域的各种作战形式和方法。为了确定打击目标并评估打击效果，广泛调用工业间谍、外交人员、军事人员以及航空航天测绘、侦察等手段。

阶段7：经过多日的电子压制，结合各种平台发射的高精度武器打击、航空航天作战、侦察单位和军用机器人的特种作战，摧毁对手的通信中心、关键军事设施和工业设施，切断其水源、食物和能源供应，迫使对方投降。在军事行动中，广泛使用新一代机器人执行侦察、信息收集和处理任务，帮助协调部队行动、建立防御阵地、摧毁敌人的防御工事、清理战场。

阶段8：通过空中打击确保摧毁对方的关键设施和大部分武装人员；几天后即可实施地面作战，派遣地面武装力量与特种部队一起清除剩余的抵抗点。[1]

俄罗斯的混合战争理论与实践打破了传统战争的模式，强调将政治、经济、外交、军事和舆论等多个领域的力量相结合，综合运用军事与非军事手段以及常规与非常规战术，展现出传统战争与非传统战争相融合的独特特征，充分体现了混合战争的多维性、非对称性和模糊性。

---

[1] Sergei G. Chekinov, Sergei A. Bogdanov. The Nature and Content of a New – Generation War [J]. Military Thought, 2013（04）：18.

三、其他国家和国际组织的混合战争理论或政策

2014年以来，世界范围内的主要热点冲突大多体现出混合战争的特点，物理域、信息域和认知域均成为双方展开角逐的战场，甚至出现了"全网直播"的战争。但是，真正发展出成体系的混合战争理论的国家或国际组织凤毛麟角。究其原因，首先是安全环境的差异。混合战争理论通常是由面临复杂安全环境的国家和国际组织发展出来的。这些环境可能包括来自多个方向的威胁、非传统安全挑战以及非国家行为体的参与。因此，这些国家和国际组织在应对威胁时，更倾向于发展出混合战争理论。其次是军事能力与资源的限制。虽然代理人战争、网络攻击、认知战等手段能够在降低战争成本的同时增强其战略影响力，但是智能化混合战争对技术的依赖性持续增强，中小国家难以在人工智能、星链等先进技术领域投入足量资源与技术与先进国家竞争，只能战略性放弃部分混合战争工具或选择其他替代方式。最后是组织架构和指挥能力的不足。发展和实施混合战争策略需要复杂的协调、先进的技术和灵活的指挥控制系统。这对一些国家和国际组织来说可能具有挑战性，尤其是那些资源有限或缺乏相关技术和经验的国家。因此，只有具备相关条件的国家和国际组织才能有效发展和实施混合战争理论。

（一）以色列混合战争理论

1948年以来，阿拉伯民族与以色列犹太民族之间围绕耶路撒冷归属、领土划分、政权建立等问题展开半个多世纪的争夺。阿以冲突最初以常规战争为主要形态。冷战结束后，双方力量对比发生变

化，冲突形态逐渐转变为非对称战争。2006年1月，美国与以色列宣布对哈马斯控制地区实施经济封锁。此举导致以色列与哈马斯爆发武装冲突。黎巴嫩真主党立刻宣布支持哈马斯，黎以冲突爆发。冲突过程中，黎巴嫩真主党与"阿迈勒运动"组建联合指挥部，以运动战、游击战等灵活多样的作战方式与拥有强大军事力量和先进武器装备的以色列军周旋。双方均付出了沉重代价。黎巴嫩真主党有1087人死亡（包括近1000名平民）和3568人受伤。以色列有113名士兵死亡、2名士兵遭绑架、400多名士兵受伤、43名平民死亡和1350名平民受伤。同时，以色列还损失了55辆"梅卡瓦"坦克和"哈奈特"号巡洋舰以及舰上的4名船员。最终，双方先后接受联合国停火协议。此后，以色列开始反思原有军事策略，向混合战争转型。

1. 战争策略

以色列为了应对来自国家和非国家行为体（如哈马斯和真主党）的军事威胁、网络攻击和认知战，充分挖掘多元化的战略和工具，逐渐发展出了一套独特的混合战争理论。以色列的混合战争理论基于其对中东地区复杂安全环境的深刻理解，核心在于整合军事、政治、经济、信息和网络手段，以非对称方式应对多样化的敌对行为。其主要策略[①]包括：

第一，拓展多维作战空间。通过总结2006年失败的教训，以色列认识到现代战争不仅限于传统的物理战场，还包括网络空间和社会心理层面。所以，以色列国防军（IDF）调整其战略和战术，以应对游击战术、恐怖活动和混合战法等来自不同维度的混合威胁。

---

① Israel Defense Forces. Operational Concept for Hybrid Warfare [J]. Official IDF Doctrine Document, 2020.

第二，整合各方力量。以色列强调整合常规军事力量与非常规手段，以情报收集和分析为核心，将陆、海、空部队与网络战、认知战的手段相结合，形成协同效应。通过以色列情报和特殊使命局（又称"摩萨德"）和军事情报局（又称"阿曼"）等情报机构提供的关键战场情报和战略评估，精准打击目标，并在战术上保持主动。

第三，强调防御与进攻措施的平衡。由于以色列缺乏战略纵深和地缘屏障，所以在混合战争理论中注重防御和进攻的动态平衡，既要保证完成军事目标，又要减少本国士兵和平民伤亡。防御方面，打造"铁穹"防御系统和网络安全基础设施；进攻方面，制定精准打击和先发制人的策略，以确保敌人在采取行动之前便被遏制。

第四，重视引导和塑造国内外舆论和认知。以色列通过控制和影响舆论、传播信息来削弱敌人的战斗意志和支持度，努力塑造国内和国际舆论，以争取更广泛的支持，防止再现2006年国内外舆论一边倒的情况，增强战略自主性。

2. 战术工具

第一，特种作战部队和情报机构。以色列的特种部队"萨耶特·马特卡尔"和"摩萨德""阿曼"等情报机构能够提供战略情报、战术支持以及前瞻性威胁评估，确保以色列能够发动先发制人的精准打击和斩首行动，在混合战争中发挥关键作用。

第二，先进武器系统。以色列利用与美国的特殊关系以及其自身科研、人才优势，不断强化先进武器系统的开发应用，先后推出了"铁穹"防御系统，各类察打一体无人机和巡飞弹，用于扫雷、侦察和支援的军事机器人等，能够有效应对各类常规和非常规作战任务。

第三，人工智能系统。以色列与美国多家科技公司合作，引入人工智能辅助网络战和认知战，快速识别网络攻击来源，寻找对手网络设施漏洞，有针对性地实施信息操作和认知塑造。①

以色列混合战争理论谋求在面对不同类型的威胁时能够保持战略优势，其目标是保障国家安全、威慑敌人、保护战略利益，并获得国际舆论支持。以色列混合战争理论的成功与否，既依赖于其技术和战术能力，也取决于其在动态、复杂的国际环境中的灵活应对能力。②

（二）北约应对混合战争的安全战略

虽然美国早在2005年就提出了混合战争的概念，但是北约的欧洲成员国出于对自身安全形势的判断以及对增加军费开支的忧虑，长期拒绝在北约官方文件中强调混合战争或者混合威胁。2014年克里米亚事件使北约的欧洲成员国开始重新审视混合战争的威胁和影响。在北约的官方文件中，混合战争、混合威胁、混合行动经常同时出现，但是内涵大致相同，都强调军事与非军事手段、隐蔽与公开手段相结合，包括虚假信息、网络袭击、经济压力、部署常规军事力量、使用非常规军事力量。③受冷战思维和意识形态因素影响，北约将未来混合战争威胁的主要来源确定为两个方向：一是俄罗斯、中国等国家；二是"伊斯兰国"、"基地"组织等非国家行为体。④因此，北约把未来混合战争的重点方向确定在波罗的海—地中海—黑海一线，涉及爱沙尼亚、拉脱维亚、立陶宛、乌克兰、摩尔多瓦、

---

① Kobi Michael. A Model of Hybrid Warfare: The Israeli Experience [J]. Journal of Strategic Studies, 2018.

② E. Barak. Hybrid Warfare and Israel's Strategic Doctrine [J]. Institute for National Security Studies (INSS), 2021.

③ NATO. Wales Summit Declaration [EB/OL]. 2024-01-04. https://www.nato.int/cps/en/natohq/official_texts_112964.htm.

④ NATO. Countering the Hybrid Threat [J]. NATO Review, 2016.

科索沃、波黑、北马其顿等国。

为了更好地应对混合战争，北约明确提出了一种"竞争性战略"，旨在确保联盟在面对全球各类竞争对手时始终处于优势地位。具体内容包括：[1]

第一，加强技术创新。北约将大力投资新兴技术，如人工智能、量子计算、无人系统和先进网络能力。这些技术将被整合到北约的作战体系中，提升其情报、监视、侦察能力和指挥控制能力。

第二，打造灵活的作战架构。为了应对未来多样化的威胁，北约将打造一个高度灵活和适应性的作战架构，包括成立"北约快速反应部队"和实施"增强前沿存在"计划。这种架构能够在短时间内做出调整，以适应不同的威胁情景，如常规战争、混合战争和非对称冲突。

第三，强化多域作战能力。北约将进一步整合陆、海、空、网络和太空等多个作战域，以形成全方位的作战能力，确保北约在任何环境下都能有效应对对手的威胁。

第四，提升网络战能力。北约将大力提升其网络战能力，包括防御和进攻性网络作战，建立"网络快速反应团队"，以应对来自国家和非国家行为体的网络威胁。

第五，增强信息战（认知战）能力。一方面，设立"战略传播中心"，专门研究和应对虚假信息的威胁，从而增强信息战、心理战和宣传战的能力，致力于削弱对手的影响力，并在舆论战中占据主动；另一方面，提高成员国社会的韧性和抗压能力，应对敌方的混合战争手段，如虚假信息、经济胁迫和政治干预。

第六，加强北约内部的协调与合作。北约计划通过建立更加紧

---

[1] NATO. Operational 2040: How NATO Will Compete in the Future [R]. NATO Strategic Command, 2023.

密的合作机制和共享安全资源来增强联盟的整体作战能力,实现各成员国之间的资源共享、信息交换和战略协同。

第七,加强情报共享与早期预警。北约的成员国和伙伴国通过建立更为密切的情报共享机制,致力于早期识别混合战争的威胁迹象。北约设立了专门的混合威胁识别小组,以协调成员国之间的信息流动,确保在混合威胁出现时能够迅速反应。

第八,完善法律和政策框架。北约明确表示,在对《北大西洋公约》第五条款的解释上,网络攻击等混合战争形式也可以触发集体防御机制。通过这种方式,北约确保其成员国在面对混合战争威胁时有法律的支持。[①]

(三) 欧盟应对混合战争的安全机制

1954年,法国国民议会否决"欧洲防务集团"条约。西欧国家自此将安全和防务问题交给美国主导的北约打理,既能享受低军费的红利,又能专注于推动经济一体化。20世纪80年代,西欧防务联合取得新进展,军工合作也产生了一系列新成果。但是,1992年爆发的波黑战争和1999年的科索沃战争让欧盟认识到自身力量的局限,即难以独自应对欧洲安全问题。因此,欧盟仍旧将安全问题交由北约,欧洲防务一体化进展缓慢。2014年克里米亚事件后,欧洲安全形势和北约防务政策的变化迫使欧盟重新思考欧洲安全问题,尤其是加大了对混合战争的关注度。

2016年4月,欧盟正式将混合威胁定义为:强制行动和颠覆活动的混合,使用常规和非常规方法(包括外交、军事、经济和技术

---

① Institute for Strategic Studies (ISS). NATO and the Future of Collective Defense [R]. ISS Report, 2024.

手段），由国家或非国家行为体协调行动以实现特定目标，同时保持在正式宣战的门槛之下。① 与北约类似，欧盟同样将混合战争、混合威胁、混合行动等概念混用。欧盟的相关官方文件和研究成果强调混合战争对欧洲价值观和政治体制的威胁、先进技术对混合战争的加成作用，以及混合战争的多维性。为了应对混合战争的威胁，欧盟开始着手建设和完善安全机制。

2016 年，欧盟发布《全球战略》报告（《共同愿景，共同行动：一个更强大的欧洲》），正式提出"综合安全战略"，旨在通过整合外交、军事、经济和社会手段来应对混合战争，明确了混合威胁是欧盟面临的主要安全威胁之一。②

2020 年 7 月 24 日，欧盟发布《欧盟安全联盟战略 2020—2025》《欧盟数字十年的网络安全战略》《情报共享网络报告》等重要文件，将欧盟安全战略的重点确定为打击恐怖主义和有组织犯罪、预防和发现混合威胁；③ 加强成员国之间的网络合作、建立网络应急响应机制以及提升关键基础设施的保护能力；④ 建立欧盟情报共享网络、欧盟网络和信息安全局等信息共享平台，提升成员国间的合作与协调，及时获取混合战争相关的信息，并做出快速反应。⑤

2021 年，欧盟设立混合威胁应对中心，负责协调和应对混合战争威胁。该中心与欧盟成员国、欧盟机构以及国际伙伴进行合作，进行情报分析、危机管理和策略制定；颁布《制裁政策和措施指南》，通过实施经济制裁和其他限制性措施来应对混合战争中的经济

---

① European Commission. Joint Framework on Countering Hybrid Threats – A European Union Response [J]. 2016 – 04 – 06. https：//eur – lex. europa. eu/legal – content/EN/TXT/? uri = CELEX%3A52016JC0018.
② European External Action Service. Shared Vision, Common Action：A Stronger Europe：A Global Strategy for the European Union's Foreign and Security Policy [R]. June 2016.
③ European Commission. EU Security Union Strategy [R]. July 2020.
④ European Commission. EU Cybersecurity Strategy [R]. December 2020.
⑤ European Commission. EU INTCEN Integration Report [R]. April 2020.

胁迫;① 制订"能力建设和培训计划",致力于提升成员国应对混合战争的能力,包括提供培训、进行模拟演习以及技术援助。②

2022年俄乌冲突爆发,欧盟对安全问题的关切度再度提升。3月,欧盟正式通过《安全与防务战略指南针》,明确了欧盟安全和防务的主要目标,即:"行动",增强欧盟的战略自主性;"保护",提升危机应对能力;"投资",加强防务合作;"伙伴",推动全球安全合作。③ 该文件首次提出了"混合工具箱"的概念。混合工具箱包括战略分析工具、情报共享平台、政策和战略框架、培训和演练、技术支持、法律和政策指南6个组成部分,旨在将欧盟现有和未来的应对混合战争的工具整合起来,加强成员国之间的战略和政策协调,防止重复性工作,在面对复杂的混合战争威胁时,提供具有综合性、灵活性的应对方案。截至2024年,已有超过200种工具被纳入混合工具箱之中。

虽然欧盟竭力推进安全和防务政策与混合战争相适应,但是经济、历史、国家利益等因素导致其内部成员国在安全问题上的态度并不一致,法国、意大利、奥地利、匈牙利等国对混合工具箱、欧盟"混合快速反应小组"等事项并不积极。所以,欧盟应对混合战争的安全战略和机制在未来一段时间内仍然要依赖北约的领导。

综上所述,美国、俄罗斯、以色列、北约、欧盟等国家和国际组织的混合战争理论虽各有侧重,但是都包括多维度作战、非对称作战、网络战、认知战、政治和社会干预、合法性与"灰色地带",以及战略灵活性与适应性等元素。其他国家和非国家行为体,如伊朗、沙特、印度、胡塞武装、"伊斯兰国"等,也在积极探索混合战

---

① European Commission. Sanctions Policy and Measures Guide [J]. March 2021.
② European Commission. Capacity Building and Training Plan [J]. July 2021.
③ European External Action Service. A Strategic Compass for Security and Defence [J]. March 2022.

争的战术战法，或者持续关注混合战争的发展演变。巧合的是，各方都将自身塑造为混合战争的受害者，为了应对其他国家或非国家行为体发动的混合战争，不得不以同样具备隐蔽性和模糊性的战术工具作用于对手。某种程度上，混合战争概念的泛化令各国和非国家行为体的安全利益界限不断向外扩张，原本正常范围内的政治或经济纠纷也被贴上"混合威胁"的标签，导致混合战争在全球范围内频繁发生。

第四章　混合战争的作战效能

随着世界百年未有之大变局加速演进，世界之变、时代之变、历史之变正以前所未有的方式展开。新一轮科技革命和产业革命改变了原有的产业格局和供应链格局，引发全球经济、金融、贸易的深刻变革。部分国家推行"逆全球化"政策以及上一轮全球化导致的发达国家和发展中国家地位和收益不平等、发展中国家资源短缺和生态环境被破坏、全球经济风险高企，导致经济全球化遭遇困境，全球经济和金融体系空前脆弱。科技和经济领域的变化改变了国际力量分配格局，"东升西降"的态势逐渐清晰，非国家行为体的影响力日益增强。部分国家和非国家行为体为了维持或改变自身状况，通过经济手段、网络攻击、代理人战争、认知战等混合战争手段推行自身政策，改变其他国家和非国家行为体的政策偏好。由于混合战争具有非对称性、模糊性和隐蔽性，发动者可以在避免引发全面战争的前提下达到战略目标，加之信息技术和通信技术的飞速发展在降低战争成本的同时增强了作战效能，从而导致混合战争在世界范围内迅速扩展和蔓延。在大国竞争激烈的地缘敏感区，这一现象尤为明显。本书选取2014—2024年发生的六次混合战争（混合冲突）加以分析，探究混合战争在现代战争中的作战效能。

一、2014年克里米亚事件

（一）克里米亚事件的背景

克里米亚半岛位于黑海北岸，地理位置极其重要。作为连接东欧与中亚的重要通道，克里米亚自古以来就是各大强国争夺的焦点。克里米亚半岛的战略地位，不仅在于它位于黑海的中心位置，控制着黑海通往地中海的要道，还在于它是俄罗斯南部防御体系的重要组成部分。因此，这片土地的归属问题一直是国际政治和军事争端的热点。

自18世纪以来，克里米亚多次被不同国家控制。1783年，沙俄在俄土战争后正式将克里米亚纳入其版图。随着克里米亚并入俄罗斯，其政治、经济和文化逐渐俄罗斯化，成为俄罗斯不可分割的一部分。俄罗斯的统治为克里米亚带来了相对的稳定和发展，但也使得当地的民族构成发生了显著变化，大量俄罗斯族移民涌入克里米亚，同时俄语逐渐成为半岛的主要语言。

然而，克里米亚的归属问题在20世纪中叶又发生了戏剧性的转变。1954年，苏联领导人赫鲁晓夫将克里米亚从俄罗斯苏维埃联邦社会主义共和国划归乌克兰苏维埃社会主义共和国。这一决定背后有着复杂的背景因素，包括当时乌克兰在苏联内部的重要地位以及赫鲁晓夫对乌克兰的特殊感情。当时乌克兰和俄罗斯同为苏联的一部分，因此这一划分并未引发太大的争议。克里米亚依旧享有相对的自治权，其居民也未对这一行政变更表现出强烈的反对。[1]

---

[1] The Economist. The Crimea Crisis: A Comprehensive Analysis [N/OL]. 2014-03-15. https://www.economist.com/europe/2014/03/15/the-crimea-crisis.

1991年苏联解体后，乌克兰宣布独立，克里米亚随之成为乌克兰的一部分。然而，这一变化并未能彻底割裂克里米亚与俄罗斯的联系。事实上，俄罗斯始终在克里米亚保持着军事和文化上的影响力。克里米亚有大量的俄罗斯族人口，他们与俄罗斯的历史渊源深厚，在语言、文化和宗教信仰上都与俄罗斯保持着紧密的联系。这种密切的联系使得克里米亚始终处于乌克兰和俄罗斯之间的微妙关系中。

进入21世纪，乌克兰的政治局势愈加复杂。乌克兰作为前苏联国家，始终在东西方之间寻找平衡。2004年的"橙色革命"使乌克兰政治版图发生了显著变化，国家分裂为亲欧派和亲俄派两个主要阵营。亲欧派希望乌克兰能够融入欧洲，摆脱俄罗斯的影响，而亲俄派则主张保持与俄罗斯的密切关系，两大阵营之间的争斗不断。2010年，亲俄派的维克托·亚努科维奇当选乌克兰总统。亚努科维奇政府试图在西方与俄罗斯之间保持平衡。2013年底，亚努科维奇决定暂停与欧盟签署联系国协议，转而加强与俄罗斯的关系。这一决定引发了乌克兰国内广泛的抗议和动乱，反对派指责亚努科维奇出卖国家利益，将乌克兰再次置于俄罗斯的影响之下。这些抗议演变成了2014年初的大规模示威，称为"广场抗议"（Euromaidan）。抗议者要求亚努科维奇辞职，推翻政府并进行政治改革。这一系列抗议活动被称为"乌克兰危机"。[①]

（二）俄罗斯在克里米亚的混合战争行动

危机爆发后，乌克兰国内局势迅速恶化，亲欧派和亲俄派之间

---

① BBC News. Timeline of Ukraine Crisis: What Happened and When? [N/OL]. 2014 – 11 – 13. https://www.bbc.com/news/world – middle – east – 26248275.

的对立加剧，最终导致亚努科维奇在 2014 年 2 月下台。与此同时，克里米亚的局势也迅速升温。鉴于克里米亚半岛具有重要的战略地位，又是俄罗斯黑海舰队的主要锚地，俄军迅速采取行动，通过混合战争行动，迅速控制局势。

1. 执行非常规军事行动

2014 年 2 月底，俄罗斯通过在克里米亚的军事基地调动军队，迅速在克里米亚半岛上展开行动。俄军在没有显著标识的情况下，进入了克里米亚的主要政府和军事设施。参加行动的人员被称为"小绿人"（Little Green Men），即未经标识的军人。

2 月 27 日，身穿绿色军装、未佩戴任何国家标识的武装人员出现在克里米亚。根据国际危机组织的报告，约有 1 万名俄罗斯军人参与了这次行动，他们的军装上没有标识，目的是掩盖其身份并制造混乱。[1]"小绿人"首先控制了克里米亚议会和其他关键政府建筑。参与行动的人员装备精良，使用现代化的步枪、防弹背心、夜视设备和通信工具，展示了高水平的战术和协同能力。他们在凌晨突袭并控制了克里米亚议会和政府大楼，升起了俄罗斯国旗，然后迅速控制了克里米亚主要城市辛菲罗波尔和塞瓦斯托波尔的政府建筑。

在控制政府建筑后，"小绿人"迅速扩展其控制范围，包括机场、电视台、电台等关键基础设施。首先占领的是辛菲罗波尔和塞瓦斯托波尔的机场，以确保对空中交通的控制，并阻止乌克兰部队通过空中增援。行动人员占领了克里米亚的主要媒体中心，确保了信息的传播和对舆论的把控，以支持俄罗斯的行动。

占领政府关键设施以后，"小绿人"对克里米亚境内的乌克兰军

---

[1] International Crisis Group. The Ukraine Conflict: What You Need to Know [EB/OL]. 2014 - 03 - 22. https: //www.crisisgroup.org/europe - central - asia/eastern - europe/ukraine/ukraine - conflict - what - you - need - know.

队进行了封锁,切断了他们的通信和增援路线,使其无法有效应对局势;紧接着,包围乌克兰在克里米亚的多个军事基地,要求乌克兰士兵交出武器,并提供"安全通道"让其离开。通过展示力量和提出"安全撤离"的条件,引导乌克兰士兵选择放弃抵抗,从而减少了直接冲突的发生。

在非常规军事行动期间,俄罗斯不仅派出"小绿人",还动员了克里米亚的亲俄民间组织和地方武装力量,如克里米亚自卫队(Crimean Self-Defense Forces)等。他们协助"小绿人"占领政府建筑和军事基地,并在公投过程中积极动员选民支持俄罗斯。[1]

2. 引导和塑造国际舆论

认知战是俄罗斯混合战争中的关键组成部分。俄罗斯通过各种媒体渠道影响克里米亚事件的信息流,塑造对其有利的公众意见和国际舆论,为克里米亚并入俄罗斯联邦制造合法性。克里米亚的主要媒体在事件发生期间被俄军控制,俄罗斯国家电视台、"今日俄罗斯"、俄罗斯卫星通讯社以及报纸、杂志等大量传播关于克里米亚并入俄罗斯的正面报道,讲述克里米亚归属俄罗斯的历史依据,以影响克里米亚居民的看法。[2] 同时,俄罗斯媒体机构在脸书、推特(现称X)、油管等社交媒体开设账号,传播乌克兰军队暴力镇压克里米亚平民的消息,在全球范围内塑造了俄罗斯对克里米亚事件的正面形象。

俄罗斯做好舆论准备之后着手以合法方式兼并克里米亚。2014年3月16日,克里米亚举行全民公投,公投结果显示约97%的选民

---

[1] The Washington Post. Crimea's Self-Defense Forces and the Annexation [N/OL]. 2014-03-07. https://www.washingtonpost.com/world/europe/crimeas-self-defense-forces-and-the-annexation/2014/03/07/20f77a1c-a96d-11e3-9f37-7ce307c56815_story.html.

[2] Philip Remler. Ukraine, Protracted Conflicts and the OSCE [J]. Security and Human Rights, 2015 (26): 88-106.

支持加入俄罗斯，克里米亚议会随后宣布克里米亚成为俄罗斯的一部分。3月18日，俄罗斯正式宣布接管克里米亚，并建立克里米亚联邦管区，下设两个联邦主体，即克里米亚共和国和塞瓦斯托波尔。

3. 实施经济反制

克里米亚公投结束之后，美国和欧盟对克里米亚事件的反应强烈。不仅拒绝承认克里米亚公投的结果，还对俄罗斯的行动表示谴责，称克里米亚的投票无效。随后，西方国家对俄罗斯实施了严厉的经济制裁，涉及金融、能源和军事等多个领域。这些制裁对俄罗斯经济造成了一定的冲击，影响了国际市场的稳定，也引发了俄罗斯的反制措施。

第一，俄罗斯对克里米亚进行了大规模的基础设施投资和经济整合，投资数十亿美元用于修建克里米亚的基础设施，包括修建克里米亚大桥以连接俄罗斯本土。这些投资不仅改善了克里米亚的经济状况，也进一步巩固了俄罗斯与克里米亚半岛的联系，击破西方通过制裁搅动克里米亚经济社会秩序的图谋。

第二，俄罗斯推动进口替代战略，减少对西方国家产品的依赖，通过发展本土产业，提高国内生产能力；加入共建"一带一路"倡议，深化与中国、印度、土耳其等非西方国家的经济和政治合作，拓展新的国际市场和伙伴关系；对欧盟和美国的食品进口实施反制禁令，推动国内农业生产的发展，逐渐实现粮食自给自足；继续扩大对欧洲国家的能源出口，加大欧洲国家对俄罗斯天然气的依赖程度，迫使欧洲国家制裁俄罗斯时投鼠忌器，以达到分化欧盟和美国的目的。[1]

---

[1] Financial Times. Economic Impact of Sanctions on Russia [N/OL]. 2014-03-09. https://www.ft.com/content/06f4a8a6-a737-11e3-b29c-00144feab7de.

(三) 混合战争的综合效果

俄罗斯在克里米亚事件中的混合战争行动综合效果显著。通过非正规军事行动、信息战、非正规力量动员、全民公投和经济手段，俄罗斯成功地实现了其战略目标，即将克里米亚纳入其控制范围。这些手段的成功不仅让俄罗斯在战术上取得了胜利，也在战略上对国际秩序产生了深远的影响。尽管西方国家对俄罗斯实施了一系列经济制裁，并在政治上对其行为表示谴责，但是制裁和反制措施只在短期内影响了俄罗斯的经济增长速度，既没有破坏俄罗斯经济、金融和能源出口的稳定性，也未能改变克里米亚并入俄罗斯的现实。因此，混合战争在克里米亚事件中的应用，提供了对未来冲突模式的重要洞见。它显示了传统军事力量和非传统战术的结合，以及网络战、经济战、认知战在现代冲突中的重要性。[1]

二、2015 年俄罗斯介入叙利亚内战

(一) 叙利亚内战爆发

2011 年，受到中东变局的影响，叙利亚爆发内战。叙利亚反对派要求总统巴沙尔·阿萨德下台，并向政府军发起进攻。然而，随着冲突的扩大，局势逐渐演变成一场复杂的多方混战，涉及不同的宗教派别、民族团体和国际势力。政府军、反政府武装、"伊斯兰

---

[1] Alexander Lanoszka. Russian Hybrid Warfare and Extended Deterrence in Eastern Europe [J]. International Affairs, 2016, 92 (01): 175 – 195.

国"、库尔德工人党武装等叙利亚国内势力，沙特、伊朗、黎巴嫩真主党、以色列等地区势力以及美国、法国、英国、俄罗斯等域外大国先后卷入战局。沙特和科威特长期向叙利亚反对派武装提供武器装备及其他物资，帮助其迅速壮大；伊朗和黎巴嫩真主党力挺同为什叶派的阿萨德政府，以遏制逊尼派在叙利亚的扩张；2013年，"伊斯兰国"在叙利亚内战中迅速崛起，一度占据了叙利亚东北部的大片领土；以色列虽没有深度介入，但是时常空袭叙利亚南部地区，以阻止伊朗势力进入；美国与土耳其以打击伊斯兰极端主义势力为名积极介入当地局势，力图在叙利亚建立符合其利益的新秩序。不过，两国在叙利亚的行动都夹带"私货"——美国希望借机推翻阿萨德政府，土耳其意在削弱当地的库尔德工人党武装力量。

叙利亚位于中东地区的核心地带，是通往欧洲、亚洲和非洲的重要战略枢纽。二战结束以来，叙利亚一直是俄罗斯（苏联）的盟友。俄罗斯在叙利亚塔尔图斯港拥有一个海军基地，这是俄罗斯在地中海唯一的海军前哨，对其在该地区的军事和政治影响力至关重要。因此，叙利亚的稳定与否直接关系到俄罗斯在中东乃至地中海的战略利益。俄罗斯在叙利亚内战初期主要是通过外交手段和军事援助支持阿萨德政府，包括提供武器装备、训练叙利亚政府军以及在联合国安理会否决西方国家提出的制裁叙利亚的决议。然而，内战导致叙利亚国内四分五裂。"伊斯兰国"虽然遭到各方力量的沉重打击，但是尚未被彻底铲除，残余力量仍活跃在叙伊边境；由于缺乏统一性，反政府武装缺乏完全取代阿萨德政府建立新秩序的能力；阿萨德政府将自身与伊朗、黎巴嫩真主党等什叶派国家和组织深度捆绑在一起，成为它们抗衡土耳其的前沿阵地；在打压库尔德工人党武装力量之后，土耳其彻底改变了其在叙利亚的政策目标："埃尔多安总统不惜以破坏与西方关系为代价，希望在叙利亚建立一个包括各方政治势力在内的、合法的民主政府，但是必须把阿萨德政府和

'伊斯兰国'、'基地'组织、叙利亚库尔德民主联盟党（Democratic Union Party）、库尔德'人民保卫队'（People's Protection Units, YPG）等政治势力排除在外。"[1] "事实上，叙利亚持续数年的内战表明：无论是阿萨德政府还是反政府武装都没有能力在内战中取得压倒性优势。"[2] 当各方力量陷入拉锯之时，俄罗斯于2015年开始以反恐的名义军事介入叙利亚，以确保阿萨德政府的安全。

（二）俄罗斯在叙利亚的混合战争行动（2015—2018年）

自2015年9月30日宣布军事介入以来，俄罗斯在叙利亚稳步推进其混合战争策略。虽然混合战争以灵活性和复杂性著称，但是"俄罗斯政府和军方根据多位专家的研究成果总结出一整套发动混合战争的方案，分8个步骤层层推进"。[3] 根据具体情景，各个步骤可能被依次推进，也可能几个步骤被同时展开。俄罗斯在叙利亚的混合战争即按照这一方案逐步实施。结合其在叙利亚的行动部署，本节总结如下：

第一步：采用非军事手段发动非对称战争。早在军事介入叙利亚内战之前数年，俄罗斯就通过社交媒体、心理战、意识形态渗透、外交支持和经济援助等方式在叙利亚营造有利于俄罗斯的政治、经济和舆论环境，并向世界展示其恢复当地和平的努力，以夺取道义制高点。

---

[1] Seth J. Frantzman. Syria: The Largest (and Most Important) Conflict of the 21st Century [EB/OL]. The National Interest, 2018 – 04 – 16. http://nationalinterest.org/feature/syria – the – largest – most – important – conflict – the – 21st – century – 25406.

[2] Lina Khatib. The West Is Still Missing a Strategy in Syria [EB/OL]. Chatham House, 2018 – 04 – 17. https://www.chathamhouse.org/expert/comment/west – still – missing – strategy – syria.

[3] S. G. Chekinov, S. A. Bogdanov. The Nature and Content of a New – Generation War [J]. Military Thought, 2013 (04).

第二步：综合运用外交、媒体、政府和军方高层交流等渠道，扰乱其他国家视线，掩盖自身真实目的。普京多次对媒体表示：俄罗斯政府是应叙利亚政府邀请，援助叙利亚政府军打击恐怖主义。这不但可以改善俄罗斯的国际形象，而且能够降低世界媒体和舆论对乌克兰和克里米亚事件的关注。

第三步：通过恐吓、欺诈、贿赂等方法，腐蚀一部分政府官员和军官的忠诚心，让他们为己所用。早在苏联时期，两国政府就建立起密切的合作关系。内战爆发后，俄罗斯不仅承诺提供安全保障，而且提供了价值10亿美元的军备、医药和物资援助。阿萨德政府因此被牢牢绑在了俄罗斯的战车之上，不得不为俄罗斯的国家利益和地区野心服务。

第四步：开动宣传工具引导舆论，煽动民众的仇恨情绪。俄罗斯特种部队在网络上散播了大量或真或假的消息，以改变叙利亚民众的偏好和认同，并引导国际舆论。叙利亚内战期间，"今日俄罗斯"、俄罗斯卫星通讯社等一众媒体不断通过互联网发布消息，指责西方和以色列破坏了叙利亚的和平与安全，导致伊斯兰极端主义在该国大规模扩散，以提升自身军事行动的合法性。巴沙尔·阿萨德在接受"今日俄罗斯"采访时明确表示：当西方和叙利亚反对派武装勾结恐怖分子、破坏叙利亚政治进程时，俄罗斯阻止了叙利亚的崩溃。俄罗斯还利用社交媒体和网络平台传播虚假信息和误导性报道，以制造混乱、分化对手阵营，并削弱反对派的合法性，为阿萨德政府赢得了民众的支持，提振了己方作战人员的士气。

第五步：建立禁飞区封锁对手的同时，委托私人军事公司或者资助当地武装力量承担地面战斗。自2015年介入叙利亚内战以来，俄罗斯空军针对"伊斯兰国"和叙利亚反对派武装发动了上千次空袭，帮助政府军收复了众多城市和乡镇。空袭行动削弱对手实力后，俄罗斯委托私人武装公司和当地武装力量，如"瓦格纳集团"（Wagner

Group）等准军事组织，进行地面作战。这些非正规力量在战场上执行高风险任务，同时也为俄罗斯提供了战略上的灵活性，使其可以在正式宣战之外，影响战场局势。

截至2018年，俄罗斯在叙利亚的军事行动大致进行到其混合战争执行方案的第五个步骤。剩余三个步骤（颠覆政权、全方位打击和地面部队扫荡残敌）因当地局势和国际形势的变化，暂未被执行。即便如此，俄罗斯也已经通过混合战争获得了可观的收益。[①]

（三）俄罗斯在叙利亚的收益

2015—2018年，俄罗斯在叙利亚的空袭行动每天花费400万—500万美元，合计已经超过50亿美元，约占俄罗斯军费的10%。为了完成空袭行动，俄空军先后动用了苏-25战斗机、苏-30SM战斗机、米-24武装直升机以及图-95战略轰炸机和图-160战略轰炸机等先进装备，俄罗斯唯一一艘现役航母"库兹涅佐夫"号也前往地中海助战。此外，俄罗斯还出资10亿美元支持阿萨德政府的国内重建工作。到2018年，共有40名俄军士兵、1000名雇佣军以及一名俄罗斯中将在叙利亚牺牲。付出上述代价为俄罗斯带来什么呢？

首先，巩固了阿萨德政府。2011—2014年，在反政府武装和"伊斯兰国"的持续进攻下，阿萨德政府丧失了对全国半数以上领土的控制。俄罗斯介入叙利亚内战的初衷仅是阻止巴沙尔·阿萨德倒台。然而，在混合战争理论的帮助下，俄罗斯不仅通过翻新塔尔图斯海军基地确保了在叙利亚的长期存在，而且协助政府军在数年间收复了叙利亚东部和东南部的大片领土，并在霍姆斯和代尔祖尔给

[①] M. N. Katz. Putin's Foreign Policy toward Syria [J]. Middle East Journal, 2019, 73 (02): 218-234.

予"伊斯兰国"迎头痛击。虽然叙利亚长期处于混乱、分裂和内战之中，但是得到俄罗斯有效支持对于阿萨德政府夺回全国的控制权有重要意义。而阿萨德政府掌权也会使俄罗斯在叙利亚的影响力达到前所未有的高度。

其次，重塑中东地缘政治。介入叙利亚内战后，俄罗斯不但从阿萨德政府手中得到了更多的军事基地和经济利益，而且赢得了叙利亚和平进程的发言权。在此期间，俄罗斯与伊朗、土耳其的合作进一步加深，大大扩展了其在中东的政治影响力。"土耳其宣布计划购买俄罗斯的S-400防空系统。该系统与土耳其原有的北约武器系统并不兼容，甚至可能干扰北约的导弹系统，而且这笔军火生意也违反了美国对俄罗斯的制裁禁令。"① 但是，为了能够全力打击库尔德工人党武装，埃尔多安并不在意美国的警告，而是准备进一步发展与伊朗和俄罗斯的关系。沙特国王萨勒曼也受到影响，不顾美国的反对访问俄罗斯，打破了两国关系的坚冰，为下一步的石油和贸易合作奠定了基础。总而言之，俄罗斯在叙利亚的混合战争对中东的地缘政治结构构成了挑战。

最后，改善了俄罗斯在欧洲的处境。2014年克里米亚事件后，欧盟和美国的贸易禁令与政治压力一度给俄罗斯造成了较大困难。2014—2016年，俄罗斯的主要经济指标均出现了较大幅度的下降。然而，在叙利亚的混合战争成功转移了俄罗斯国内以及国际社会的关注点。虽然西方国家尚未全面解除禁令，但是俄罗斯国内的士气和信心却因为叙利亚战场的成功得到提升，俄罗斯的经济也因为与中东国家双边贸易的拓展而稳定下来。随着经济社会形势的稳定，俄罗斯处理欧洲事务时将更加游刃有余。

---

① The Economist. Turkey's ＄2bn Arms Deal with Russia Faces Hurdles, and Possible Sanctions [N/OL]. 2017-11-30. https：//www.economist.com/news/europe/21731832-vladimir-putin-wants-create-rift-within-nato-does-he-really-want-hand-russian.

总之，俄罗斯成为在叙利亚获益最多的一方。普京总统通过介入叙利亚内战将莫斯科与大马士革紧密联系在一起，确保了俄罗斯在东地中海的利益。通过改善与沙特、土耳其、伊朗等区域大国的关系，俄罗斯重建了在中东地区的影响力。上述行动还在一定程度上缓解了俄罗斯在乌克兰和波罗的海面临的压力。归根结底，俄罗斯在叙利亚的成就主要归功于对混合战争理论的娴熟运用。[1]

表4-1　2013—2019年俄罗斯主要经济指标　（单位：万亿美元）

	2013年	2014年	2015年	2016年	2017年	2018年	2019年
国内生产总值	2.29	2.06	1.36	1.28	1.57	1.66	1.69
进口贸易额	0.47	0.43	0.28	0.26	0.33	0.35	0.35
出口贸易额	0.59	0.56	0.39	0.33	0.41	0.51	0.48
总储备	0.51	0.39	0.37	0.38	0.43	0.47	0.56

数据来源：Data, The World Bank, http://data.worldbank.org/indicator。

三、2018年中美贸易争端

（一）中美贸易争端的起因

中美贸易争端是近年来国际经济关系中最为重要和复杂的事件之一。它不仅影响了中美两国的经济发展，还对全球贸易体系产生了深远影响。自20世纪80年代以来，中国不断深化改革开放，加快生产力发展和基础设施建设。2001年加入世界贸易组织之后，中国成为全球产业链上的关键一环，接纳来自世界各地的投资，逐渐

---

[1] A. Borshchevskaya. Putin's War in Syria: Russian Foreign Policy and the Price of America's Absence [M]. London: I. B. Tauris, 2020.

发展为世界第二大经济体和全球最大的制造业国家。美国等发达国家为了降低生产成本、减少污染排放，纷纷将本国制造业转移到中国，导致与中国之间的贸易逆差加剧。实际上，中国只是在全球产业链的下游分得约5%的利润，缺少核心科技的知识产权。所谓的贸易逆差只是全球分工产生的假象。[1] 但是，由于美国长期以来是全球最大的经济体，所以中国的快速发展被一些美国政策制定者视为对美国经济和全球主导地位的潜在威胁。美国单方面认定中国通过不公平的贸易行为，如知识产权盗窃、市场准入限制、政府补贴等，获取了巨大的经济利益。美国还认为中国操纵人民币汇率以维持出口竞争力，导致中美贸易逆差长期居高不下。据统计，截至2017年，中美贸易逆差达到3750亿美元。这进一步激化了美国社会的"中国威胁论"。

中美贸易争端不仅是经济问题，也涉及广泛的政治和战略因素。哈佛大学教授格雷厄姆·艾利森在他的著作《注定一战：中美能避免修昔底德陷阱吗？》中，分析了历史上16个新兴大国和守成大国竞争的案例，其中12个以战争告终。他将这个理论定义为"修昔底德陷阱"：在现代国际关系中，当一个新兴大国的崛起威胁到现有大国的地位时，战争或冲突往往变得难以避免。新兴大国的成长让现有大国感到威胁，进而可能采取各种手段来遏制或打压新兴大国，而新兴大国则可能为了捍卫其自身的崛起而采取激进行动，这种紧张关系可能会导致冲突甚至战争。艾利森教授将该理论应用于当代中美关系，认为随着中国的崛起和美国的相对衰落，两国可能面临类似的"修昔底德陷阱"，即大国之间的结构性冲突风险。[2] 中国领

---

[1] W. Liu, W. T. Woo. Understanding the U.S. – China Trade War [J]. China Economic Journal, 2018, 11 (03): 319-340.
[2] Graham Allison. Destined for War: Can America and China Escape Thucydides's Trap? [M]. Boston: Houghton Mifflin Harcourt, 2017.

导人多次表示中美之间不存在"修昔底德陷阱"。2023年6月，习近平主席会见美国国务卿布林肯时再次强调，"宽广的地球完全容得下中美各自发展、共同繁荣"。① 但是，随着中国的共建"一带一路"倡议、全球发展倡议、全球安全倡议、全球文明倡议得到越来越多国家的认同，依旧引发了美国对其全球霸权地位的担忧。奥巴马政府曾试图通过"亚太再平衡"战略，遏制中国在亚太地区的影响力。特朗普政府上台后，采取了更为直接的对抗性措施，将贸易问题视为遏制中国崛起的重要手段。美国试图通过"贸易战"削弱中国的经济基础，迫使中国改变其经济政策，阻止其进一步提升全球影响力。

（二）中美贸易争端中的混合战争行动

1. 以"贸易战"向中国"极限施压"

中美贸易争端在2018年进入白热化阶段，特朗普政府开始对中国商品加征关税，标志着美对中发动的"贸易战"的正式爆发。2017年8月，美国依据《1974年贸易法》第301条对中国展开调查，并于2018年3月公布调查报告，认定中国存在不公平贸易行为。随后，美国宣布对价值500亿美元的中国商品加征25%的关税，主要针对高科技产品，目的是遏制"中国制造2025"。中国随即对美国进口商品进行报复性关税，加征范围涵盖了美国的大豆、汽车等关键产品。2018年7月6日，美国特朗普政府再次对中国价值340亿美元的商品加征25%的关税，标志着美国对中国发动的"贸

---

① 习近平会见美国国务卿布林肯［N/OL］.新华社，2023-06-19. http://big5.news.cn/gate/big5/www.news.cn/world/2023-06/19/c_1129706035.htm.

易战"进一步升级。① 此后，特朗普政府不断增加关税，涵盖了数千亿美元的中国进口商品。2018 年 9 月 24 日，美国对 2000 亿美元的中国商品加征 10% 关税，并于 2019 年 5 月 10 日将这一税率提高至 25%。② 到 2020 年底，美国对中国实施的关税总额达到约 3700 亿美元。这些关税覆盖了广泛的商品，包括电子产品、机械设备、纺织品等，对中国经济造成了显著影响。

2018 年底，两国元首在阿根廷二十国集团峰会上就经贸问题达成共识，同意暂停加征新关税，并开始新一轮谈判。然而，谈判过程充满波折。美国要求中国在知识产权保护、技术转让、市场准入等问题上作出结构性改革，而中国则强调双方应平等互利。由于双方在核心利益上难以妥协，谈判数次陷入僵局。拜登政府上台后，中美贸易纠纷虽然有所缓和，但并未得到根本解决。拜登政府对中国采取了一种更为多边主义的态度，试图通过与盟友合作来对抗中国，但在贸易问题上依然保持了对中国的压力。

2. 限制关键技术延缓中国发展

美国对中国的技术限制措施是混合战争的关键组成部分，特别是在特朗普和拜登政府的政策框架下，这些限制主要集中在阻止中国获取尖端技术、确保美国的技术优势，以及遏制中国在全球高科技领域的竞争力。2019 年 5 月，美国商务部将华为及其 70 多家附属公司列入"实体清单"，禁止其从美国企业购买技术产品，包括半导体和软件。这项措施对华为的全球业务产生了重大影响。

2020 年 12 月，美国将中国最大的半导体制造商中芯国际列入实

---

① USTR. U. S. Trade Representative Announces Tariffs on Chinese Goods [N/OL]. 2018 – 07 – 12. https：//ustr. gov/about – us/policy – offices/press – office/press – releases/2018/july/us – trade – representative – announces – tariffs – chinese – goods.

② USTR. Office of the United States Trade Representative 2019 Annual Report [R]. 2019.

体清单，称其技术可能被中国军方使用。这一决定导致中芯国际无法获得先进的半导体制造设备和技术，尤其是依赖美国技术的光刻机，这直接限制了其制造高端芯片的能力。[①]

2022年，美国政府要求芯片制造商英伟达（NVIDIA）和超威半导体公司（AMD）停止向中国出口其高端人工智能芯片，包括英伟达公司的A100和H100芯片。这些芯片广泛用于人工智能和数据中心的计算任务。美国政府的理由是这些技术可能被中国用于军事目的或推动其科技竞争力。美国还通过对半导体生产设备的出口限制，阻止中国公司获得先进的半导体制造技术。

3. 强化投资审查防止中国获得关键资产

2018年8月，美国通过了《外国投资风险审查现代化法案》（FIRRMA），扩展了美国的外国投资委员会（CFIUS）的权力。该法案加强了对外国投资，特别是涉及敏感技术和关键基础设施的投资的审查，旨在防止中国对美国关键资产的控制，尤其是涉及高科技、基础设施、能源和敏感数据的领域。同年，美国莱迪思半导体公司被迫放弃了与中资企业凯桥的交易，因外国投资委员会认为该交易可能对美国国家安全构成威胁。

2019年，美国政府通过外国投资委员会要求昆仑万维出售Grindr社交软件，理由是敏感数据可能被中国政府利用，威胁美国用户的隐私和国家安全。最终，昆仑万维被迫同意出售Grindr社交软件。

2020年，外国投资委员会对字节跳动（Tiktok）收购美国社交媒体应用Musical.ly（后并入Tiktok）进行了审查，并要求字节跳动

---

① Reuters. U.S. Blacklists Chinese Chipmaker SMIC [N/OL]. 2020-12-19. https://www.reuters.com/article/us-usa-china-sanctions-exclusive/exclusive-u-s-to-blacklist-dozens-of-chinese-firms-including-smic-sources-say-idUSKBN28S0HL/.

剥离 Tiktok 的美国业务。此后，Tiktok 多次试图通过与美国公司合作的方式来满足美国政府的要求，但至今尚未完全解决。

这些案例显示了美国对华投资审查的日益强化，以国家安全为由强制打破正常的商业合作，阻止一些收购和投资交易，将经贸问题政治化。随着中美竞争的加剧，未来可能会有更多类似的审查和限制措施出台。

（三）中美贸易争端的影响

美国对华"贸易战"中的混合战争行动对中美两国以及全球经济产生了深远的影响。

首先，导致两国间的关税壁垒大幅提升。自 2018 年起，美国对中国商品征收了数千亿美元的高额关税，而中国也对美国商品采取了反制措施。这些关税增加了企业的生产成本，削弱了消费者的购买力，特别是在进口依赖度较高的行业，如电子行业、汽车和农业。企业为了规避高关税，部分供应链从中国转移至其他国家，如越南、印度等，这不仅改变了全球供应链格局，也使得全球贸易的成本上升。

其次，引发两国技术"脱钩"的趋势。美国加强了对中国科技企业的限制，包括禁止华为、中芯国际等公司获取关键技术和产品，限制了中国在高科技领域的扩张步伐。这种技术"脱钩"加剧了中美在 5G、人工智能、半导体等领域的竞争，也促使中国加快推进自主创新和技术自给自足的步伐。[1]

最后，对经济全球化产生了负面影响。美国的农产品出口受到

---

[1] Financial Times. China Leads the Way on Global Standards for 5G and Beyond ［N/OL］. 2020-08-05. https：//www.ft.com/content/858d81bd-c42c-404d-b30d-0be32a097f1c.

了中国报复性关税的打击,导致农业收入下滑;而中国的制造业出口也受到了美国关税的影响。中国通过构建国内国际双循环相互促进的新发展格局,为企业在国内市场和其他国际市场找到了替代出口渠道。[①]

总之,美国因为霸权主义和冷战思维作祟,有意激化中美贸易争端,以"贸易战"、技术限制、投资审查等混合战争手段压制中国的经济、科技发展,导致全球化进程在政治、经济利益的博弈中受到挑战,未来的全球贸易环境将更加复杂和多变。

四、2021 年巴以冲突

(一) 冲突导火索

2005 年,以色列军队从加沙地带撤出,但对该地区实施了封锁政策。2007 年,巴勒斯坦伊斯兰抵抗运动(哈马斯)与巴勒斯坦民族解放运动(法塔赫)因政策分歧难以调和而决裂,单独控制了加沙地带,自此加沙地带成为哈马斯与以色列冲突的主要前线。哈马斯不承认以色列的合法性,并主张通过武力抵抗以色列的占领;以色列则认为哈马斯是恐怖组织,采取了强硬的军事打击措施。

1. 谢赫贾拉驱逐案

2021 年巴以冲突的导火索是东耶路撒冷谢赫贾拉社区的巴勒斯坦居民面临被驱逐的问题。该社区的巴勒斯坦居民长期定居于此,

---

① The Economist. The Impact of the Trade War on Global Trade [N/OL]. 2019 – 05 – 30. https://www.economist.com/finance – and – economics/2019/05/30/how – the – us – china – trade – war – is – affecting – global – trade.

但以色列法院裁定他们必须迁出，这激起了巴勒斯坦人的愤怒。在国际社会看来，这种驱逐行动被认为是以色列扩展犹太定居点的策略，公然违反了国际法。以色列方面则认为，这些土地在法律上属于犹太组织，驱逐行动有法理支持。

2. 阿克萨清真寺冲突

2021年5月初，以色列警察进入耶路撒冷的阿克萨清真寺，试图驱散在那里集会的巴勒斯坦人。由于阿克萨清真寺对穆斯林具有极高的宗教象征意义，这一行动被视为对伊斯兰信仰的冒犯，引发了更大规模的抗议和暴力冲突。5月10日，一处以色列居民点遭到哈马斯火箭弹袭击，造成人员伤亡。10—13日，哈马斯向以色列发射约1750枚火箭弹。以色列随后展开报复行动，先后对哈马斯火箭发射基地、军事基地以及武器制造和储存基地发动空袭，并对哈马斯高级指挥官发动数十次"定点清除"行动，冲突迅速升级。[1]

（二）以色列的混合战争行动

以色列在2006年与黎巴嫩真主党的武装冲突中遭遇失败后，深入分析原因、总结教训，在国防建设中加大技术和资金投入，充分运用人工智能技术的最新成果，加快推进混合战争手段的智能化转型，并在2021年的巴以冲突中取得了成效。所以，以色列国防军将2021年的巴以冲突定义为"第一次人工智能战争"。

第一，通过算法战精确提取情报信息。以色列国防军在2006年与黎巴嫩真主党武装冲突中的重大失误之一，就是因情报不足难以

---

[1] BBC News. Gaza – Israel Conflict in Pictures: 11 Days of Destruction [N/OL]. 2021 – 05 – 21. https://www.bbc.com/news/world – middle – east – 57205968#.

定位真主党军事力量的部署情况。而2021年巴以冲突爆发后，以色列利用卫星、无人机和特工对冲突地区实施不间断的侦察监视，收集大量图像信息、通信数据和网络动态，随后通过"炼金术士"（Alchemist）、"福音"（Gospel）、"智慧深度"（Depth of Wisdom）等人工智能系统处理、整合海量数据，精准绘制出冲突区域情景全图，并标注哈马斯在加沙地区各类目标的精确位置。据当时报道称，辛贝特（Shin Bet，以色列国家安全局）建立了加沙地区居民楼、办公楼、医院内民众的电话号码库，对哈马斯在该地区的情况动态了如指掌。①

第二，通过先进武器系统实施精确防御和打击。为了减轻国内外的舆论压力，以色列在2021年巴以冲突中大量使用人工智能武器和人工智能赋能武器，以提高打击精准度，尽量避免平民伤亡。在空袭行动中，以色列放弃了以往的大规模轰炸策略，转而使用"敲屋顶"战术，即通过精准识别和精确打击减少误伤概率。该战术首先借助人工智能算法确定潜在打击目标，然后由人工选择目标并授权发动攻击；如果涉及平民设施，则由情报机构在发动攻击前两小时对目标内所有手机发送短信或电话警告；发动攻击时，首先使用两发空包弹作为警告射击，随后使用GBU-31联合直接攻击炸弹、GBU-12激光制导炸弹等对目标建筑屋顶实施打击，确保只摧毁目标建筑而不伤及附近居民楼。② 通过这种方式，以色列定点摧毁了哈马斯银行大楼、领导人住宅、情报机构等多处重要设施。为了减少误伤概率，以色列还使用由刀片代替炸药、仅仅依靠动能和刀刃击

---

① Yaakov Katz. Israel's Gaza War is like No Other Military Operation in History [N/OL]. Jerusalem Post, 2021-05-21. https://www.jpost.com/opinion/israels-gaza-operation-is-like-no-other-military-op-in-history-opinion-668709.

② Yaakov Katz. How the IDF Invented "Roof Knocking" the Tactic that Saves Lives in Gaza [N/OL]. Jerusalem Post, 2021-03-25. https://www.jpost.com/arab-israeli-conflict/the-story-of-idfs-innovative-tactic-to-avoid-civilian-casualties-in-gaza-663170.

杀的 AGM－114R9X"忍者"导弹对哈马斯多名高级指挥官和工程师进行了"定点清除"。① 另外，面对大量来袭的火箭弹，以色列不再采用疏散居民的方式，而是投入"铁穹"防御系统，利用雷达和其他监测设备检测、追踪和拦截来袭的火箭弹或短程导弹。"铁穹"防御系统使用 mPrest Systems 公司开发的战斗管理和武器控制单元（BMC），一旦检测到威胁，其人工智能软件会立即分析来袭弹药的轨迹，然后决定是否拦截，并自动识别和忽略不构成威胁的火箭弹，整个过程在几秒钟内完成。在其辅助下，作战系统能够同时定位多个目标并根据具体情况制定应对策略。② 以色列军方自称"铁穹"防御系统在 2021 年巴以冲突中的拦截成功率高达 85% 以上。

第三，通过社交媒体发动认知战攻势。以色列在 2006 年与黎巴嫩真主党的冲突中虽然遭受了损失，但其实在战场上并未完全处于下风，主要是黎巴嫩真主党的网络宣传一方面给世界营造了以色列完全被动挨打的印象，另一方面令以色列在国际舆论压力下不得不做出让步。因此，以色列认真吸取了这次教训，此后开始重视网络宣传。2021 年 5 月巴以冲突爆发后，以色列不断通过人工智能算法分析社交媒体用户的爱好和倾向，然后有针对性地推送以军作战动态，重点宣传以军为减少加沙地区平民伤亡而付出的努力，并"揭露"哈马斯高官的"贪腐"状况，以弱化加沙平民和国际舆论对哈马斯的支持，提高自身的"正义性"与"合理性"。

虽然以色列和哈马斯都采用混合战争策略指挥作战，但是技术实力的差距成为决定战争胜负的关键。以军情报部队高层表示："人工智能首次成为打击敌人的关键组成部分和力量倍增器。正是有了

---

① 以色列国防军：24 小时内摧毁 12 名哈马斯指挥官住所［EB/OL］. 新华网，2021－05－19. http：//www.xinhuanet.com/mil/2021－05/19/c_1211161467.htm.

② Seth J. Frantzman. Rafael Anticipates Iron Beam Laser System Could Deploy in Two Years［N/OL］. Defense News，2022－10－08. https://www.defensenews.com/industry/2022/10/07/rafael－anticipates－iron－beam－laser－system－could－deploy－in－two－years.

人工智能做支撑，以军战机、无人机和导弹才得以对哈马斯武装组织的火箭弹阵地、弹药制造厂、仓库、军事情报机构和高级指挥官住所等重要目标进行精确打击。"[1]

（三）冲突结果

经过11天的战斗，双方在埃及的斡旋下同意停火。到2021年5月21日停火协议正式生效时，巴方有200多人死亡，千余人受伤，哈马斯大量军事设施、医疗设施以及金融系统和网络系统被摧毁。以方有12人死亡，300余人受伤。由于"铁穹"防御系统的保护，大部分火箭弹未能造成实质性伤害，特拉维夫和其他城市的损失比预计要小。虽然双方后续仍时有冲突，但是以色列无疑凭借混合战争的策略和手段取得了此次军事冲突的主动权。

这次冲突引发了国际社会的广泛关注和抗议活动。在世界范围内，尤其是在欧洲和北美洲，许多民众举行示威，谴责以色列的军事行动。联合国和多个人权组织也批评以色列对加沙地带的空袭，称其违反了国际人道法。但是，以色列并未像2006年那样遭到国内外舆论的一致谴责，一些国家和组织支持以色列的自卫权，认知战攻势取得一定成效。在以色列国内，时任总理本雅明·内塔尼亚胡利用混合战争的成果巩固了自己的政治地位，他的强硬政策获得了部分民众的认可。由于以色列民众对国家安全政策的支持增强，内塔尼亚胡政府暂时度过了腐败指控和政治危机。

不过，以色列的混合战争虽取得了战术上的成功，却并未在战略层面彻底消除以色列与阿拉伯世界之间的紧张局势，反而对地区稳定性产生了负面影响。冲突不仅使以色列和巴勒斯坦之间的和平

---

[1] 成高帅，郭宇．"第一次人工智能战争？"[N]．中国国防报，2021-07-13，第04版．

前景变得更加渺茫，也引起了整个中东和国际社会对智能化混合战争的关注，沙特、卡塔尔、伊朗、胡塞武装、黎巴嫩真主党等开始对致命性自主武器、生成式人工智能、认知战等产生兴趣，从而引发了更多的恐怖袭击和地区冲突，如2023年巴以冲突。

五、2022年俄乌冲突

（一）冲突爆发的背景

俄乌之间的历史关系错综复杂，可以追溯到中世纪时期的基辅罗斯公国。苏联解体后，乌克兰于1991年宣布独立，但乌克兰内部长期存在亲俄与亲欧的分歧。2014年克里米亚事件期间，克里米亚以公投的形式宣布独立并加入俄罗斯联邦，导致乌克兰政府与乌克兰东部的亲俄武装冲突升级，东部的顿涅茨克和卢甘斯克地区成为乌克兰政府与亲俄武装的对峙前线，深化了俄乌之间的对立，成为未来军事冲突的潜在隐患。[1] 事件之后，乌克兰的国家政策发生了重大转变，积极寻求与欧盟和北约的接触；北约对俄罗斯的戒备心理空前增强，加大东扩力度，吸收多个前华约成员加入北约，并有意接纳乌克兰。乌克兰的西向政策和与北约的接触被俄罗斯视为战略上的挑战。[2] 2019年，弗拉基米尔·泽连斯基当选乌克兰第六任总统，在西方国家的军事援助、经济援助下，加强了军事能力建设，巩固了国内民众的政治支持，不断在乌克兰东部和克里米亚半岛制

---

[1] Andrei P. Tsygankov. Russia and the West from Alexander to Putin: Honor in International Relations [M]. Cambridge University Press, 2022.

[2] Jeffrey Mankoff. Russia's War on Ukraine: A Historical Perspective [R/OL]. Council on Foreign Relations, 2022. https://www.cfr.org/report/russias-war-ukraine-historical-perspective.

造事端,进一步激化了俄罗斯的安全担忧。2021年末和2022年初,俄罗斯加强了对乌克兰边界的军事部署,并要求北约保证乌克兰不加入该组织。2021年第四季度,俄乌两国在边境地区交火,造成人员伤亡。俄罗斯再次与美国、英国、法国等国家进行会谈并强调了本国的核心关切——无法接受北约东扩,俄乌紧张局势升级。2022年1月26日,美国和北约分别向俄罗斯递交关于俄方所提安全保障建议的书面答复,但美国和北约在诸多关键议题上没有让步。2022年2月2日,美国国防部宣布将向欧洲增派部队,以应对俄乌边境地区紧张局势。俄外交部副部长格鲁什科表示,美方这一决定是"破坏性举措",将加剧军事紧张。① 2022年2月24日,俄罗斯对乌克兰发动"特别军事行动",俄乌冲突爆发。

(二) 俄乌混合战争交锋

"特别军事行动"之初,美情报机构称俄军共部署了超过120个营级战斗群,"每个营级战斗群配备700—800人,少数达900人,下辖机械化步兵营、坦克连、自行火炮营、防空连、侦察排、反坦克排、工兵排以及后勤部队等十余个作战单元";② 俄空天军的作战飞机数量是乌克兰空军的近15倍。俄军虽然在军事实力对比上占尽优势,但在实战中却未能取得碾压性的战果,其中一个很重要的原因就是乌克兰在同俄罗斯的混合战争交锋中,借助美国的信息技术特别是人工智能优势抵消了俄罗斯很大一部分的军事实力优势。

---

① 新闻背景:乌克兰局势发展时间线 [N/OL]. 新华社,2022 - 02 - 22. http://www.news.cn/world/2022 - 02/22/c_1128406953.htm.

② 胡欣. 从俄乌冲突"活剧"窥探战争形式变化 [J]. 世界知识,2022 (10):61.

表 4-2 俄罗斯—乌克兰军事力量对比

项目	俄罗斯	乌克兰
2020 年军费支出	617 亿美元	59 亿美元
	占政府支出 11.4%	占政府支出 8.8%
兵员	约 90 万名现役军人，200 万名预备役军人	约 20.9 万名现役军人，90 万名预备役军人
各类火炮	7571 门	2040 门
坦克	12420 部	2596 部
装甲车	30122 辆	12303 辆
武装直升机	544 架	34 架
战斗机和攻击机	1511 架	98 架

资料来源：瑞典斯德哥尔摩国际和平研究所（SIPRI），https://www.sipri.org/。

第一，人工智能赋能无人机，实施精确打击。俄乌冲突爆发后，美国科技公司 Clearview AI 向乌克兰国防部提供了人脸识别技术，并向乌军开放 AI 人脸识别数据库和搜索引擎。据统计，该数据库中收录了超过 100 亿张人脸图像和 20 亿张照片，[1] 配合北约国家提供的 TB-2"旗手"、RQ-20"美洲狮"和"弹簧刀"等型号的无人机，对俄军作战装备及战斗人员实施精准打击，使其遭受重大损失。虽然俄军也动用了"海雕-10""海雕-30""前哨-R""猎户座""扎拉·基布"（KUB-BLA）等型号的无人机和地面机器人进行反击，但因人工智能技术方面存在短板而在无人机对抗中处于下风，导致其在基辅、哈尔科夫等战略要地的进攻受挫。2023 年，乌克兰 200 多家参与无人机生产的公司计划借助人工智能对无人机进行重大升级，新的人工智能软件可使无人机在受到俄军电子干扰时，仍能识别目标的物理特征和调整飞行姿态，以保持对移动目标的锁定

---

[1] 徐舒悦，高飞. 乌克兰危机背景下"混合战争"理论与实践评析 [J]. 和平与发展，2023（04）：84-85.

并完成战场任务，从而进一步增强了乌军的火力和侦察能力。①

第二，人工智能整合数据，获取信息优势。俄乌冲突爆发后，美国将其侦察卫星和侦察机获取的战场信息共享给乌军，并通过 Seekr Technologies Inc.、Semantic AI、Primer、Palantir Technology 等科技公司整合各类情报信息，运用人工智能技术将目标和物体识别与卫星地图相结合以提升信息分析质量，从各类开源数据中寻找俄军动向，精准识别俄军人员、武器、作战系统或作战单位，分析其战略战术，预测俄军行动方针，辅助战场决策。俄罗斯虽然已经在 2020 年初建立一套完整的军事指挥和控制系统，但其天基、空基、地基的电子和光学侦察能力智能化改进仍处于试运行阶段。② 因此，在实际应用场景中，俄军鲜有将人工智能投入战场使用的案例。2023 年 6 月，据社交软件"电报"（Telegram）俄语频道报道，俄"柳叶刀 - 3"无人机正在使用卷积神经网络③（Convolutional Neural Networks, CNN）收集、分类和分析其所收集到的图像和视频内容。④ 可以肯定的是，俄军正寻求在信息战中使用人工智能，但其应用水平与乌克兰战场的实际需求尚存在不小的差距，导致俄军在部分地区陷入被动。

第三，人工智能助力深度伪造和推荐算法，影响国际舆论。俄乌冲突爆发初期，俄罗斯通过认知战在乌克兰全国各地制造舆论影响，指控乌克兰政府存在严重腐败等种种弊端，以及西方对乌

---

① John Hudson, Kostiantyn Khudov. The War in Ukraine is Spurring a Revolution in Drone Warfare Using AI [N/OL]. The Washington Post, 2023 - 07 - 26. https://www.washingtonpost.com/world/2023/07/26/drones - ai - ukraine - war - innovation.

② 苏崇阳，王晓捷，王钰茹. 俄罗斯军事人工智能发展与应用初探 [J]. 国防科技, 2023, 44 (03): 105.

③ 卷积神经网络是一类包含卷积计算且具有深度结构的前馈神经网络，是深度学习的代表算法之一。

④ Samuel Bendett. Here's How the Russian Military Is Organizing to Develop AI [N/OL]. Defense One, 2018 - 06 - 20. https://www.defenseone.com/ideas/2018/07/russian - militarys - ai - development - roadmap/149900/.

克兰的援助不可靠等;① 利用乌克兰总统泽连斯基的脸部图像制作深度伪造视频，呼吁乌克兰士兵向俄军投降，并将视频在即时通信系统上快速传播。② 然而，由于多数主流社交媒体平台受西方国家控制，俄罗斯媒体的平台账号或是被直接封禁、限流，或是被贴上"虚假新闻"的标签。在国际上拥有广泛影响的"今日俄罗斯"和俄罗斯卫星通讯社更是西方各国的重点防范对象。③ 比如，X（原推特）、脸书、油管等国际主流社交媒体通过推荐算法对"今日俄罗斯"和俄罗斯卫星通讯社等账号限流，降低它们在用户推荐页面中的出现频率，限制俄罗斯媒体的传播范围。同时，西方主流社交媒体平台放任自媒体大范围传播使用深度伪造技术制作的虚假图片和视频，传播对乌克兰有利的信息，引发国际舆论同情乌克兰并对俄军进行强烈谴责，塑造乌军民"坚强抵抗"和俄军"弱鸡"形象，动摇俄军心民心，以营造舆论向乌克兰"一边倒"的态势。

（三）俄乌冲突的后续发展

2022 年 11 月，俄罗斯从赫尔松地区西部撤军后，俄乌双方的军队一直在第聂伯河两岸对峙。这是 2022 年俄乌冲突中最后一次重大的占领区变动，双方此后虽然多次发动攻势但都未能取得进展，陷入僵持状态。

2023 年初，乌克兰军队获得了美制 M1"艾布拉姆斯"坦克、

---

① Yuriy Danyk, Chad M. Briggs. Modern Cognitive Operations and Hybrid Warfare [J]. Journal of Strategic Security, 2023, 16 (01): 40.
② Nicolas Mazzucchi. AI – Based Technologies in Hybrid Conflict: The Future of Influence Operations [J]. Hybrid CoE, 2022 (14): 14 – 15.
③ 许华. 乌克兰危机中的美俄混合战：演化、场景与镜鉴 [J]. 俄罗斯学刊，2022, 12 (04): 60.

德国"豹"式坦克和英国"挑战者2"坦克等先进武器，制订了大规模反攻计划，目标是夺回在2022年战争初期失去的领土，尤其是乌克兰东部的顿巴斯地区以及南部的赫尔松和扎波罗热。然而，俄罗斯在顿巴斯地区建立了强大的防御工事，使得乌克兰军队在推进过程中遭遇了巨大阻力，只取得了有限的进展。2023年5月，双方在巴赫穆特的惨烈战斗以乌克兰撤退告终。5月底至6月初，乌克兰在巴赫穆特、扎波罗热州、赫尔松左岸三条战线上发起反攻，但是收效不大。随后发生了瓦格纳兵变和乌克兰弹药危机。2023年10月起，双方频繁袭击对方的基础设施、军事设施和网络设施，却均未打破战场对峙状态。

进入2024年，双方的战争方式从快速决战演变为消耗战，虽然仍在使用混合战争的策略手段，但是起决定作用的是各自在经济、人力、资源上的承受能力。乌克兰依靠西方国家的支持维持作战，俄罗斯则利用其丰富的资源和人口优势在战争中保持韧性。2024年5月，俄军对哈尔科夫发动新一轮攻势，依然难以扩大战果，只夺取顿涅茨克地区波克罗夫斯克市的洛祖瓦茨克定居点。2024年7月11日，美国国防部发布声明，宣布向乌克兰提供额外2.25亿美元的安全援助。2024年8月，由其他国家援助的F-16战机运抵乌克兰并投入使用，乌克兰利用这个机会攻入俄罗斯的库尔斯克州，并威胁别尔哥罗德州。

截至2024年9月，俄乌冲突依然处于相持状态，双方在付出大量人员伤亡和物资消耗的情况下，依然难以在战场上获取压倒性优势。一方面，这表明混合战争虽然能够通过多种手段降低战争成本、提高作战效能，但是战争最终仍然是双方硬实力的对决，智能化混合战争能够发挥"赋能者"的作用，在一定程度上成为实力增幅器，但是不可能完全弥补硬实力的不足。另一方面，2022年俄乌冲突表面上是俄罗斯与乌克兰之间的冲突，但是乌克兰实际上是美国在东欧遏制俄罗斯的代理人，背后其实是美国与俄罗斯之间的混合战争交锋。从目前的状态来看，俄罗斯由于在技术、装备、同盟体系、规则制定能力等方面相对落后，导致在物理域、信息域和认知域三个战场上都处于劣势。因此，智能化混合战争已经逐渐演变为科技实力的较量，非对称优势正在被科技优势对冲甚至碾压。

六、2023年巴以冲突

（一）冲突导火索

虽然以色列与哈马斯在2021年达成停火协议，但是以色列对加沙地带的封锁并未解除，致使当地经济崩溃，居民生活困苦，加上频繁的军事冲突，局势始终紧张。哈马斯与以色列的火箭弹袭击与空袭相互交替甚至成为日常。以色列国内的右翼势力实施了更加强硬的政策，内塔尼亚胡政府继续扩大约旦河西岸犹太人定居点的建设。此外，犹太教极右翼活动者频繁进入圣殿山，导致阿克萨清真寺内的冲突不断升级。穆斯林的宗教活动频繁受到限制，加剧了巴勒斯坦人的反抗情绪。[1] 在全球层面，国际社会对巴以问题的关注度有所下降，特别是随着俄乌冲突的爆发和美国关注重心的转移，巴以问题的解决停滞不前。美国作为以色列的传统盟友，尽管继续提供军事和政治支持，但对和平进程的推动力明显减弱。2023年10月，内塔尼亚胡政府推行的司法改革引起高层意见不合，由此引发的抗议罢工潮蔓延至国家安全领域，暴露了以色列的国家安全漏洞，

---

[1] Middle East Monitor. Tensions Continue to Escalate in Jerusalem and the West Bank [H/OL]. 2024 – 05 – 26. https：//www.middleeastmonitor.com/20240526 – scores – of – illegal – israeli – settlers – storm – jerusalems – al – aqsa – mosque/.

加之以色列情报部门判断失误，给予哈马斯发动突袭的机会。

（二）哈马斯的混合战争行动

2023年10月7日，哈马斯对以色列发动代号为"阿克萨洪水"的军事行动，以色列随即宣布实施报复，新一轮巴以冲突爆发。哈马斯充分吸取了2021年巴以冲突的经验教训，制定了火箭弹袭击、地面突袭、网络攻击、舆论引导相互配合的作战行动，并在分析双方实力差距之后，将制造恐慌、拘押人质、造成杀伤确定为突袭行动的主要目标，以此博得国际社会同情、制造舆论压力，迫使以色列改弦更张，放弃对加沙地带的封锁和扩大犹太人定居点政策。所以，在冲突之始，哈马斯凭借灵活多变的战略战术一度取得先机。

第一，多点开花，迟滞以色列国防军行动。哈马斯首先采用常规战术，在袭击的第一波行动中针对以色列南部及更远地区的民用和军事目标，发射了至少3000枚火箭弹，且使用了俄罗斯的"格勒"火箭弹、"拉乔姆"114毫米口径火箭炮以及伊朗的"晨曦"火箭弹，武器的威力和精度都有明显提升。这种饱和攻击专门针对以色列的"铁穹"防御系统，令其疲于应付，同时转移了以色列国防军的视线。在发动空袭的同时，哈马斯及其旗下卡桑旅的武装人员使用爆炸物炸开加沙与以色列的边境围栏，派遣数百名武装人员从地面入侵以色列南部社区。卡桑旅成员还利用动力滑翔伞从空中绕过地面防线，直接渗透到以色列境内。这种升级是几十年来从未见过的，极大出乎以色列防御系统的预料。除了地面和空中行动，哈马斯还从海上发动袭击，利用小船从海上登陆以色列南部。这种多维度的攻击方式增强了哈马斯对以色列的突袭力度和复杂性，成功扰乱了以色列的判断，令以色列国防军难以快速应对。[1] 哈马斯的突袭行动让以色列措手不及，据报道，以色列南部多个犹太人定居点被巴勒斯坦武装人员控制，200多名以色列人死亡、1400多人受伤，超过120名人质被带回加沙地带。[2]

第二，发动网络攻击，干扰以色列视线。哈马斯与多个黑客组织合作，针对以色列政府和媒体网站发起大规模分布式拒绝服务攻击，旨在通过大量虚假流量压垮目标网站，使其无法正常访问；他们还攻入了以色列的数据库，并泄露了其中的敏感信息。一些组织声称他们控制了以色列的电网和火箭预警系统"红色警戒"的应用程序，但是这些说法的真实性尚未完全确认；除此之外，黑客利用社交工程技术进行网络钓鱼，试图获取以色列用户的敏感信息、劫持在线会议（如Zoom会议）来传播恐慌和混乱。[3] 这些网络攻击很大程度上是由位于加沙地带以外的黑客组织实施的。由于当地的网络连接受限，导致网络攻击的效果并不理想，但配合物理域的突袭行动，对以色列社会和政府部门依然造成了明显的干扰。

第三，争夺舆论主导权，展开认知战交锋。哈马斯和卡桑旅最初在互联网平台展示作战和带有暴力倾向的视频，并通过隐蔽账号向以色列人发送威胁短信。本意是"使袭击达到某种程度的可视化、国际化，以激发阿拉伯民族主义以及同情情绪"，[4] 同时震慑以色列政府和民众，促使部分以色列人逃离定居点甚至离开以色列，但是并未瓦解以色列军队和民众的意志，反而招致舆论批评。所以，哈

---

[1] 哈马斯突袭以色列五大关键要点[N/OL]. 美国之音，2023-10-08. https://www.voachinese.com/a/five-thing-to-know-about-hamas-attack-20231007/7301208.html.

[2] 巴以新一轮冲突已造成双方逾400人死亡[N/OL]. 新华社，2023-10-08. http://www.news.cn/2023-10/08/c_1129903582.htm.

[3] POLITICO. How Hackers Piled onto the Israeli-Hamas Conflict[N/OL]. 2023-20-15. https://www.politico.com/news/2023/10/15/hackers-israel-hamas-war-00121593.

[4] 马晓霖，杨府鑫. 哈马斯混合战争视角下的以色列国家安全漏洞探析[J]. 国家安全研究，2023（06）：26.

马斯逐步放弃了这种做法,而是通过拍摄图像和制作视频,不断通过社交媒体向世界展示加沙地带的平民伤亡情况和生活状况。加沙卫生部门从2023年10月26日开始,每天公布伤亡数字,谴责以色列的入侵行为;哈马斯通过大量开设社交媒体账号,传播巴勒斯坦平民流离失所的悲惨境遇,比如目击者声称,在汗尤尼斯周边地区,看到了以色列的坦克、装甲车和推土机,迫使已经流离失所的平民收拾行李再次逃难;① 通过黎巴嫩广场卫视及伊朗塔斯尼姆通讯社等媒体,谴责以色列军队在加沙地带北部人口稠密地区使用国际法禁止的白磷弹;密集报道圣城医院受到以军围困和袭击的消息,强调以色列切断电力燃料等供应导致加沙地带医疗系统崩溃。② 这些大规模宣传,让国际社会看到了以色列的军事行动正在加沙地带造成严重的人道主义危机,引起舆论的广泛关注和同情。

(三)以色列的反击行动

虽然开局被打得措手不及,但是以色列很快利用军事和技术优势夺取了作战主导权,展开对加沙地带的全面报复性进攻。在反击过程中,以色列充分利用人工智能技术开展的智能化混合战争发挥了重要作用。

第一,借助人工智能系统,定位哈马斯关键设施。以色列对哈马斯展开反击后,以色列国防军通过无人机和卫星侦察、拦截通信、窃取闭路电视和摄像头监控数据等手段收集海量信息,将其交由"福音"人工智能系统快速自动提取情报,生成与战争局势发展相关

---

① 以军在加沙南部展开攻势 迫使流离失所者再次逃难[N/OL]. 联合早报,2023-12-06. https://www.zaobao.com.sg/realtime/world/story20231206-1454397.
② The New York Times. Concerns Grow for Hospital Patients and Sheltering Civilians [N/OL]. 2023-11-10. https://www.nytimes.com/live/2023/11/10/world/israel-hamas-war-gaza-news.

的打击目标，包括隧道、军事大院、用作哈马斯高级成员军事指挥中心的住宅、武器仓库、通讯室以及藏有哈马斯资产的建筑等，并且仅在冲突爆发后10天内就使用精确制导武器和地堡炸弹袭击了其中约5000个目标，[1]极大削弱了哈马斯的战争潜力，为地面部队进攻加沙地区提供了重要支持。

第二，使用人工智能识别技术，辅助"定点清除"行动。为报复哈马斯的"阿克萨洪水"行动给以色列造成的惨重损失，以军加大了对哈马斯领导层的袭击力度。除哈马斯留在加沙地带的军事领导人物之外，其居住在黎巴嫩、卡塔尔等地的政治领导人物也被列入"定点清除"名单。以色列利用情报机构、卫星、无人机和"飞马"（Pegasus）间谍软件等手段获取大量电子邮件、短信、照片和语音等信息，然后用人工智能系统进行快速识别，并将信息上传到武器系统，完成搜索—识别—"猎杀"的完整链条。2024年1月，哈马斯旗下卡桑旅在社交媒体发布声明称，以色列在黎巴嫩首都贝鲁特南郊发动的无人机袭击事件造成哈马斯政治局副主席萨利赫·阿鲁里、2名卡桑旅指挥官和其他3名哈马斯成员共6人死亡。"摩萨德"通过在X平台开设的账号发布哈马斯成员的"扑克牌通缉令"，并定期通告暗杀进度。2024年7月31日，哈马斯前领导人哈尼亚在伊朗首都德黑兰遭以色列暗杀。在察打一体无人机、AI人脸识别和语音识别、精确制导武器的加持下，以色列的"定点清除"行动取得大量战果，对哈马斯政治和军事领导层造成沉重打击。

第三，使用生成式人工智能，争夺舆论主导权。在本次冲突过程中，以色列和哈马斯都十分注重争夺舆论主导权，以占据道德制高点，争取国际舆论支持，而以色列更是着力将人工智能优势运用

---

[1] 以色列军方：本轮冲突已袭击加沙地带约5000个哈马斯目标［N/OL］.光明网，2023–10–18. https：//baijiahao.baidu.com/s?id=17800466953235 10306&wfr=spider&for=pc.

于舆论战。以色列国防部、驻外使领馆等机构通过 X（推特）、脸书和电报等社交平台发声，持续通报泰国、德国等国家和地区的平民在本次冲突中遇害或被俘情况。反诽谤联盟在社交平台发布巴勒斯坦人的各类反以口号和行为，将哈马斯塑造成十恶不赦的恐怖分子。一方面激励本国士气，掩盖内塔尼亚胡政府的失察失职和以色列国家安全漏洞，另一方面为以色列国防军对加沙地带的全面入侵提供合理借口。以色列和西方的主流媒体及支持以色列的自媒体经常利用生成式人工智能①进行"深度伪造"，编织各类图片、视频和消息，用视觉化信息指控哈马斯是"恐怖组织"、其所开展的军事行动是"恐怖主义袭击"，并为以军军事行动对加沙平民造成的伤害和人道主义灾难展开辩护。以色列还使用 Sensity AI（主要用于深度伪造检测）、Fictitious AI（主要用于抄袭检测）等人工智能检测工具识别巴勒斯坦及其同情者所创作的数量庞大的生成式产品，据此大肆指责哈马斯虚假宣传，以引导舆论认知，降低哈马斯在社交平台的可信度。例如：以色列运用人工智能识别虚假照片和视频，大肆宣传哈马斯自导自演了圣城医院袭击事件，试图摧毁哈马斯的可信度；宾夕法尼亚大学统计学家撰文分析哈马斯发布的伤亡数字，以 270 人为平均值，在这个基础上每日增加 15%，各分组伤亡数字的变化比例可疑，男女比例严重失调，② 据此质疑哈马斯数据造假。

总体来看，哈马斯通过精心策划和协调的多维度攻击，迅速突破了以色列的防线，导致了重大伤亡和人质劫持事件。这一袭击显示了哈马斯在武器装备、战术规划及情报收集上的升级，给以色列

---

① 生成式人工智能指由人工智能技术生成的各种形式的内容，包括但不限于：文字内容、图像和艺术作品、视频和动画、音频和音乐，常见工具包括 ChatGPT、生成对抗网络（GAN）、Sora、语音合成（TTS）等。

② The JC. Hamas Casualty Numbers are "Statistically Impossible" Says Data Science Professor [N/OL]. 2024 – 03 – 08. https：//www. thejc. com/news/world/hamas – casualty – numbers – are – statistically – impossible – says – data – science – professor – rc0tzedc.

国防和安全构成了严峻挑战。但是，哈马斯的非对称优势只在冲突初期取得了优势，当以色列站稳脚跟后，面对人工智能、精确制导武器、致命性自主武器等先进技术手段，哈马斯难以持续对峙，再次证明强大的军事和科技实力对混合战争的加持作用。

第五章　混合战争对国际安全的影响

2014年以来，世界范围内的战争和冲突或多或少都呈现出混合战争的特点。多个国家及非国家行为体意识到混合战争的赋能作用，希望通过常规和非常规战术手段相结合，以较低成本实现战略目标或击败比自己实力更强的对手。2021年巴以冲突、2022年俄乌冲突、2023年巴以冲突则表明，在双方都使用混合战争手段的情况下，如果拥有远超对手的经济、军事和科技实力，那么将能够化解对手的进攻。因此，为了进一步提高混合战争的作战效能，国际社会出现了新一轮军事和科技竞争。技术大国竭尽全力保持自身优势，中小国家和非国家行为体试图利用人工智能技术进一步提升突袭能力、情报能力和舆论塑造能力。国际安全面临新的风险和挑战。传统战争一般将作战领域划分为海、陆、空三个部分。随着航天技术和信息技术的发展，又增加了天、电两个部分。混合战争打破了传统战争与和平的界限，通过多种手段同步或交替使用，削弱或瓦解对手的力量。因此，混合战争可以划分为多个作战领域，涵盖了从传统军事行动到非传统、非军事手段的广泛范围。根据多位学者的研究，一般可以将混合战争的作战领域划分为：军事作战领域（常规军事行动和非常规军事行动）、网络作战领域（网络攻击和网络防御）、信息作战领域（宣传战和心理战）、经济作战领域（经济制裁和能源限制）、法律作战领域（国际法操作和国内法运用）、社会作战领域（文化渗透和政治干预）。

上述划分方法虽然较为全面，但是存在两个问题：一是过度扩展了混合战争的边界，导致战争与和平的界限更加模糊，从而让决策者更加敏感，加剧国家紧张局势。二是若干领域存在交叉。比如，信息作战领域和社会作战领域都以舆论引导和认知塑造为主要目标，信息作战领域和法律作战领域都具备增强自身行动合法性的作用。所以，本书将混合战争作战领域简化为物理域、信息域和认知域三个部分。物理域是指物理实体（包括各类装备和人员）活动的领域，包含常规和非常规军事行动、经济制裁等活动；信息域是指信息产生、流通、交互的领域，可分为电磁空间和网络空间，包含网络攻击、网络防御、情报获取等活动；认知域是指人的主观意识活动的领域，包含信息作战、法律作战、社会作战等领域。本书将从国家和非国家行为体在上述三个领域的争夺逐一考察混合战争对国际安全的影响。

一、物理域：国际混乱失序因素显著增加

混合战争的出现不仅改变了物理域战场的交战方式，更重要的是降低了战争的成本和风险。由于各类非常规军事手段、精确制导武器、代理人战争的引入，国家和非国家行为体能够以更加隐蔽的方式针对对手的弱点发动进攻，人工智能的应用则进一步加快了战争和冲突的发展进程，从而使先发制人获得的优势越来越大，防御的难度逐渐高于进攻。因此，国际混乱失序因素显著增加。

（一）智能化混合战争抵消非对称优势

混合战争的特点是采用多元化的战略战术让政府和军队领导人

在尽量降低消耗的前提下运用各种工具和手段应对冲突与战争。"混合战争的发起者往往会避免与敌方正面决战,而是采用非常规、非对称手段直击敌方的政治、经济、文化和平民目标。"[1] 因此,只要采用适当的战略战术,就能够在混合战争中以小博大,即便是中小国家或者非国家行为体也有机会应对来自大国的安全威胁。例如:2006年黎巴嫩真主党对以色列的反击就是通过混合使用信息战、游击战等战术,打破了以色列军队在常规战场上的优势,"以色列军队基本没有遭遇重大挫折,但是黎巴嫩真主党通过社交媒体成功引导了世界舆论,令以色列输掉了虚拟空间的战斗"[2];"伊斯兰国"曾经利用各类社交媒体传播极端思想和发动恐怖袭击的技术手段,诱导欧洲穆斯林移民发动"独狼"式恐怖袭击,甚至组建"圣战无人航空器"分部,利用无人机实施侦察和破坏行动。

然而,智能化混合战争逐步抵消了技术弱国和非国家行为体的非对称优势。以2021年5月的巴以冲突为例,以色列首先使用"铁穹"防御系统拦截了大部分来袭的火箭弹,有效减少了本国损失,之后又通过"斩首"行动"定点清除"哈马斯领导人,以减少对平民的误伤,尽量减轻所面临的国内外舆论压力。在这一过程中,人工智能的精准识别能力发挥了极大的作用。在可预见的未来,技术强国可凭借致命性自主武器的隐蔽性和预测目标行动轨迹的精确性,直接威胁对方关键人物的生命安全;也可以通过人工智能检测发现敌方在人员构成、经济结构、组织体系、军事系统、关键基础设施等方面存在的致命漏洞,从而发动直接攻击造成对方瘫痪或者以此相要挟迫使对方屈服。虽然不少弱小国家和非国家行为体也在尝试

---

[1] Frank G. Hoffman. Hybrid Warfare and Challenges [J]. Joint Forces Quarterly, 2009 (01): 36.

[2] Frank G. Hoffman. Conflict in the 21ˢᵗ Century: The Rise of Hybrid War [J]. Potomac Institute for Policy Studies, December 2007: 38 - 39.

使用人工智能武器，"卡塔尔在2020年从土耳其采购6架'旗手TB-2'无人机，系受到沙特和阿联酋装备军用无人机的影响。阿尔及利亚在2018年列装军用无人机后，与其有长期战略矛盾的摩洛哥为抵消其无人机优势，在2020年分别从法国和土耳其采购了3架'雪鸮'（Harfang）无人机和13架'旗手TB-2'无人机"，[1] 但缺少开发前沿技术的资源和人才支持，难以跟上大国、强国的技术发展进度。

在智能化混合战争背景下，博伊德循环（观察observe、定位orient、决定decide、行动act，OODA Loop）将按照人工智能的速度而非人类判断思维的速度运行，依赖人类决策的指挥系统与复杂的军事等级制度将输给更高效的人机合作系统。技术强国可同时从陆、海、空、天、网、电等各个维度发动进攻，让落后国家防不胜防，瞬间失去组织力和战斗力。由于智能化混合战争打破了各国间的军事力量平衡，技术强国可以凭借人工智能领域的优势，以较低的成本和较少的人员伤亡，迫使技术弱国和非国家行为体改变自身的利益和安全诉求，从而增强了技术强国实施先发制人打击的收益；而技术弱国因制约技术强国的非对称手段越来越少、非对称优势越来越弱，也增强了对先发制人的依赖性。这些都可能成为威胁国际安全的新的不稳定因素。此外，技术强国也在加快推进人工智能技术的发展。2022年的美国《国家战略防御》报告提出：美国国防部将通过制度性改革实现数据、软件与人工智能的整合，以加快人工智能的武器化进程。[2] 由此可见，技术强国在物理域的优势将进一步得到巩固，保持甚至继续拉大与其他国家的技术鸿沟，确保在混合战争中立于不败之地。

---

[1] 朱泉钢. 中东地区军用无人机的扩散、应用及其安全影响[J]. 西亚非洲, 2022 (05): 121.

[2] 2022 National Defense Strategy of US [R]. 2022-10-27: 19.

(二) 混合战争导致国际关系日趋紧张

混合战争的灵活性和多样性使其成为国家和非国家行为体互动中极具影响力的工具，而其模糊性和隐蔽性以及它对传统国际关系规则的挑战，正逐渐导致全球范围内的紧张局势加剧。根据瑞典斯德哥尔摩国际和平研究所（SIPRI）的数据显示，近年来混合战争的频率和规模都有所增加。2010—2020 年，全球范围内记录的混合战争和非传统作战事件增长了约 40%。[1] 联合国安理会的报告显示，近十年来（2010—2019 年），全球范围内因代理人战争导致的平民伤亡数量显著增加，2019 年仅在叙利亚、也门和利比亚，因代理人战争造成的平民伤亡就超过了 100 万人。[2] 这些数据表明，混合战争正在全球范围内激化矛盾，加剧国际关系的紧张。

一方面，混合战争引发信任危机。混合战争的隐蔽性使得国家难以识别和应对威胁。传统的威胁评估方法往往基于明确的军事指标，如军队数量、武器装备等。然而，混合战争中非传统手段的使用使得威胁评估更加复杂。例如，经济制裁、"斩首"行动、恐怖袭击的影响难以量化，其破坏力可能远超过传统军事行动，有些甚至不易被及时察觉。这种不透明和不对称的手段极大地削弱了国际关系中的信任基础。2016 年美国总统大选期间，俄罗斯被指控通过社交媒体平台散布假新闻，并使用黑客手段干预选举。这一事件导致了美俄关系的严重恶化。美国国土安全部和情报机构指出，俄罗斯的干预目的在于破坏美国公众对民主制度的信任，使美国社会在政

---

[1] Stockholm International Peace Research Institute (SIPRI). Hybrid Warfare: New Threats, Complexity, and Resilience [R]. 2021.

[2] United Nations Security Council. Report on the Protection of Civilians in Armed Conflict [R]. 2019.

治上更加分裂。但是俄罗斯对此予以否认和驳斥，认为美国为了掩盖其内部矛盾而将俄罗斯塑造为外部敌人。所以，混合战争的广泛使用导致国家之间的不信任加剧。由于难以明确识别混合战争的发起者，国家之间往往相互指责，导致外交关系紧张。这样的紧张关系有可能引发连锁反应，演变为更严重的冲突，甚至引发战争，导致国家间的关系加速恶化。

另一方面，混合战争激化地区冲突。由于混合战争赋予中小国家和非国家行为体更多发起进攻的手段，所以大国往往倾向于通过代理人战争来实现战略目标，而自己躲在幕后，推脱战争责任。这不仅激化了地区冲突，也进一步引发了大国之间的矛盾。例如，在叙利亚内战中，俄罗斯和伊朗支持阿萨德政府，而美国及其盟友支持反对派武装。各方通过代理人战争和非常规手段互相对抗，导致地区局势长期动荡。与传统战争不同，混合战争的主要目标不是占领敌方的特定地区，而是扰乱其民众的认同和忠诚以瓦解民心士气。"其（混合战争发起者）会不断打击对手的弱点以削弱其力量，并让对方的决策者最终相信自己的战略目标因成本过高而难以实现，进而自动放弃竞争。"[1] 所以，在混合战争中，民族矛盾、宗教分歧、教派冲突等更容易被主权国家或者非国家行为体利用，以挑起冲突和纷争，恶化地区局势和国际关系。例如，在民族宗教问题复杂的中东地区，部分国家意识到宗教极端分子有可能成为其推进国家利益的棋子。于是，其中一些国家开始鼓吹教派之间的矛盾和分歧，为自己的国内外政策服务。"对于这些国家来说，教派主义更多的是一件实现国家对外政策目标的工具，而非制定对外政策的初衷。"[2]

---

[1] Thomas X. Hammes. The Sling and the Stone: On War in the 21st Century [M]. Minneapolis: Zenith Press, 2004.
[2] Emma Ashford. The Saudi – Iranian Cold War [EB/OL]. ISS Forum, 2018 – 02 – 20. https://www.cato.org/publications/commentary/saudi – iranian – cold – war.

叙利亚阿萨德政府曾利用伊斯兰极端组织头目作为发动军事行动的借口，使自己的军事行动获得舆论支持。沙特通过资助一部分逊尼派极端组织介入叙利亚内战，谋取推翻阿萨德政权。为了应对沙特的扩张，伊朗给予黎巴嫩真主党、胡塞武装以及沙特东部省的什叶派反政府分子大力支持。今后，此类事件可能会更加频繁，后果是增加冲突各方的对抗强度，并使得大国之间的直接对抗风险大幅上升。

（三）混合战争破坏全球安全架构

现有的全球安全架构主要基于二战后的国际秩序，强调国家主权独立和不干涉内政原则。然而，混合战争的兴起对这一秩序构成了严峻挑战。二战后建立的国际安全组织，如联合国，虽然在应对传统军事威胁方面具有一定的能力，但在应对混合战争时往往显得力不从心。在多极化的国际环境中，混合战争成为了大国之间权力竞争的重要手段。大国通过支持代理人或在"灰色地带"开展行动，避免直接军事对抗，同时实现其地缘政治目标。这种竞争进一步加剧了国际安全的不确定性，也使得全球治理面临新的挑战。"为了尽快建立战场优势，混合战争发起者不会过早启动地面作战，而是首先通过空中精确打击摧毁敌方的关键军事设施，如司令部和指挥中心以及其后方具有重要政治和经济意义的城市。"[①] 有时，混合战争的第一轮打击甚至可能是更难令人察觉的大规模宣传活动。另外，由于混合战争强调对敌方民众的思想渗透以及对先进技术的运用，所以其成本远低于传统战争，这无疑降低了发动战争的门槛，令战

---

① Col. Mirosław Banasik. Russia's Hybrid War in Theory and Practice [J]. Journal on Baltic Security, 2016, 2（01）: 168.

争发起者有可能从战争中获得更高收益。因此，在混合战争时代，主权国家会更频繁地使用先发制人打击避免被对手取得优势。这无疑会增加大国破坏现有全球安全架构的内驱力。

混合战争的战术往往游走于国际法和战争法的"灰色地带"。这种做法挑战了传统的国际秩序和规则。当前的国际法和战争法主要是为应对传统战争而设计的，混合战争的多维性、模糊性和隐蔽性使得国际法的适用性面临巨大挑战。例如，在网络攻击的情况下，受害国是否可以根据国际法的自卫权原则进行反击仍然存在争议；雇佣私人军事公司实施军事入侵是否可以等同于传统军事入侵，也是国际法的一个漏洞。这种法律上的模糊性为混合战争的实施者提供了更大的操作空间，他们可以利用混合战争的隐蔽性和模糊性有效绕过国际制裁和法律约束，对国际关系中的法律与道德底线构成挑战。混合战争中的经济、金融等手段还会威胁全球供应链的安全。经济全球化时代构建的供应链高度依赖稳定的国际环境，而混合战争通过破坏关键基础设施或发动贸易战，可以有效地打击全球供应链。例如，俄罗斯和西方国家之间的制裁与反制裁措施，导致全球能源市场的动荡，影响了多个依赖俄罗斯能源的国家。2014—2022年，全球因制裁导致的经济损失已超过6000亿美元。[①] 这些经济制裁不仅对目标国经济造成严重打击，也影响了全球贸易和投资环境，进一步加剧了全球经济的不确定性。

混合战争通过破坏国际秩序、侵蚀国家主权、威胁全球经济稳定以及制造全球性不安全感，逐步破坏了现有的全球安全架构。它的非对称性、隐蔽性和模糊性使得传统的国际安全机制在应对时变得力不从心。未来，如何建立新的国际规则和合作机制，以应对混合战争带来的挑战，将成为全球安全治理的重要议题。

---

① IMF. World Economic Outlook [R]. 2022.

二、信息域：从网络战攻防转向科技优势竞争

随着信息技术的发展，网络战在混合战争中扮演着越来越重要的角色。网络战不仅是国家间对抗的重要方式，也是非国家行为体（如恐怖组织、黑客组织）广泛采用的手段。网络战通过网络攻击、信息窃取、数据篡改等方式，直接或间接影响敌对方的经济、政治、军事等领域，达到削弱其综合国力、破坏社会稳定的目的。但是，2021年、2023年两次巴以冲突都表明，网络攻击在冲突过程中给对手造成的损害有限且能够及时修补，而且人工智能技术的成熟大大增强了防御网络进攻的能力。所以，混合战争在信息域的争夺焦点转向科技优势的竞争，尤其是信息技术、人工智能技术等前沿领域。

（一）网络攻击日益频繁

网络战作为混合战争的重要组成部分，已经成为现代战争中的关键手段。通过恶意软件、分布式拒绝服务攻击、高级持续性威胁（APT）攻击等多种方式，网络战可以有效破坏敌方的基础设施、窃取机密信息、削弱对手的战斗力。近年来，随着混合战争越来越频繁，网络战的威胁日益增加，全球范围内的网络攻击数量和复杂性均有明显上升。思科（Cisco）的《2021年网络安全威胁报告》和FireEye的《2020年APT威胁报告》指出：全球范围内的网络攻击数量持续上升。仅在2020年，全球共发生了超过4000亿次网络攻击。[①] 自2015年以来，国家支持的网络攻击数量年均增长20%，有

---

① Cisco. 2021 Cybersecurity Threat Report [R]. 2021.

40%以上的攻击具有明确的政治或经济动机。其中，高级持续性威胁攻击在全球范围内呈现增长趋势，尤其是针对关键基础设施、金融机构和政府部门的攻击，已成为具有威胁性的网络攻击形式之一。[1]此外，企业也是网络攻击的主要对象之一。卡巴斯基实验室发现，2020年全球勒索软件攻击数量增长了150%，其中近30%的攻击目标为企业。这种攻击不仅导致了直接的经济损失，还严重影响了企业的正常运作。[2]网络攻击在全球范围内导致的经济损失已超过1万亿美元。随着攻击的复杂性和频率增加，这一数字还在不断上升。[3]

比较典型的网络攻击案例包括：

(1) 爱沙尼亚2007年网络攻击。2007年，爱沙尼亚遭遇大规模的分布式拒绝服务攻击，导致政府网站、银行、媒体等多个关键部门的网站瘫痪，而且没有明确的证据表明攻击由某个国家发起。此次事件成为网络战的经典案例，凸显了网络攻击在混合战争中的威胁。

(2) "震网"病毒攻击。2010年，伊朗的核设施遭到"震网"病毒的攻击。这种高度复杂的恶意软件专门针对西门子的工业控制系统，导致伊朗的离心机设备被破坏。尽管没有国家公开承认并对此负责，但普遍认为此次攻击是由美国和以色列合作发起的。此案例标志着网络战进入工业领域，展示了其对国家基础设施的巨大威胁。

(3) 乌克兰电网攻击。2015年和2016年，乌克兰电力公司遭到黑客攻击，导致部分地区停电。攻击者使用了恶意软件"Black-Energy"，多个电力公司控制系统瘫痪，对乌克兰的基础设施造成严重破坏。

---

[1] FireEye. APT Threat Report［R］. 2020.
[2] Kaspersky Lab. Ransomware Attacks Report［R］. 2020.
[3] International Data Corporation. Global Economic Impact of Cyber Attacks［R］. 2020.

未来，随着人工智能技术的不断进步，网络攻击的工具和手段将更加复杂多样，各国的网络防御体系、对网络攻击的监测和应对能力也相应提升。整体来看，网络战在冲突前的破坏力更强，冲突爆发后，网络战的作战效能大打折扣。

表 5-1 网络战的主要工具

工具	作用方式
恶意软件	包括病毒、蠕虫、木马、勒索软件等。这些工具可以用来破坏敌方的计算机系统，窃取或删除重要数据，或通过勒索软件直接对经济利益造成损失
分布式拒绝服务攻击（DDoS）	通过大量虚假请求攻击目标服务器，使其不堪重负，导致合法用户无法访问。这种攻击可以瘫痪政府、银行、军事网站，影响公众和国家安全
钓鱼攻击	通过伪装成合法机构或个人，诱使目标泄露敏感信息（如密码、银行账户信息）。钓鱼攻击不仅用于攫取经济利益，还用于窃取军事机密或发动更大规模的网络攻击
高级持续性威胁（APT）	一种高级的黑客攻击方式，攻击者长期潜伏在目标网络中，不断获取有价值的信息。这种攻击通常由国家支持，目标是获取长期战略情报或破坏关键基础设施
社交工程	利用人类心理弱点，通过伪装和欺骗等手段获取敏感信息，或引导目标进行某些行为。这种手段在网络战中经常与其他技术手段结合使用，以提高攻击成功率

资料来源：笔者自制。

（二）科技优势竞争加剧

人工智能技术广泛应用于混合战争之后，世界各国和非国家行为体在信息域中争夺的焦点主要是数据、算法和算力。科技优势争夺战成为各国维护军事优势的重要表现。因此，技术领先国家往往通过提高技术门槛和设置技术壁垒的方式，竭力在算法、芯片等关键领域遏制其他国家的技术突破，以图长期保持本国在信息域的优势地位。而技术后发国家则力图打破技术领先国家在算法和算力领域的技术封锁，维护自身安全。

一方面，技术领先国家加大人力、财力和资源投入，在人工智能领域保持科研优势。美国是人工智能技术领先国家的主要代表，为了维护自身技术霸权，一直非常重视科研投入。2019年6月，特朗普政府发布《国家人工智能研究与发展战略计划》（2019年版），明确提出要通过持续的技术发展与创新保持美国在人工智能领域的领导地位；[1] 2020财年，美国人工智能研究项目快速增加到6000多个，涉及云计算、自主系统、5G传输、大数据等多个领域，共投资48.3亿美元。[2] 拜登政府时期，美国国土安全部于2021年8月发布《人工智能/机器学习战略计划》，提出要增加研发投资，推动下一代人工智能和机器学习技术用于国家安全保障并构建安全的网络基础设施；2022年8月，拜登签署《芯片和科学法案》，拨款2800亿美元用于芯片研发，其中520亿美元用于半导体生产、2000亿美元用于芯片相关研究。[3] 总体来看，美国在人工智能前沿研究中拥有主导地位，并通过地缘、同盟等传统方式影响欧盟、日本等盟友提出的支持人工智能研发的资助计划，以保持自身领先。作为回应，部分大国在人工智能技术研发方面采取了一系列措施，以保持自身竞争力。俄罗斯政府于2018年3月发布"人工智能10点计划"，计划建立人工智能和大数据联合会、算法和程序基金、人工智能培训和教育项目、人工智能实验室、人工智能中心等一系列机构；[4] 2019年

---

[1] Select Committee on Artificial Intelligence of the National Science & Technology Council, The National Artificial Intelligence Research and Development Strategic Plan: 2019 Update [R]. 2019: 20.

[2] U. S. Office of the Under Secretary of Defense. US Department of Defense Fiscal Year 2021 Budget Request Irreversible Implementation of the National Defense Strategy [R]. 2020: 15.

[3] CHIPS and Science Act 2022 [EB]. 2022: 12.

[4] Samuel Bendett. Here's How the Russian Military is Organizing to Develop AI [N/OL]. Defense One, 2018-06-20. https://www.defenseone.com/ideas/2018/07/russian-militarys-ai-development-roadmap/149900/.

10月，俄罗斯批准了人工智能"路线图"和《2030年前人工智能国家发展战略》，旨在加快推进俄罗斯人工智能发展与应用，谋求在人工智能领域的世界领先地位，以确保国家安全、提升经济实力和增进人民福祉。该战略计划到2030年，将俄罗斯境内所有采用人工智能技术的超级计算机总算力至少提升到1 exaFLOPS（每秒浮点运算百亿亿次），将人工智能技术对国内生产总值的贡献提升到11.2万亿卢布。2023年11月，普京表示，将批准新版俄罗斯人工智能发展战略，"该文件将作出一系列重大修改，扩大生成式人工智能和大型语言模型领域的基础和应用研究，将现有算力至少提高一个数量级，并大力培养人工智能领域的科研人才"。①

另一方面，技术领先国家设置技术壁垒，将技术问题政治化，以限制其他国家的技术开发路径。2019年10月，美国特朗普政府以8家中国科技公司存在人权问题为由，将其列入实体名单，并对相关中国官员实施签证限制。美国国会还考虑通过立法，阻止美国公司投资那些"不符合人权法规"的从事人工智能开发的中国科技公司，如中国的商汤科技等，② 并将人权问题与人工智能绑定，借口打压中国的人工智能技术发展。2020年10月，美国人工智能安全委员会（NSCAI）发布年中报告，提出美国应与印度建立战略技术联盟、与欧盟建立新兴技术战略对话，采用联盟方法来促进多边合作，以引领国际人工智能环境建设，并通过美国国务院启动"民主国家数字联盟"的建立进程。③ 美国2022年《芯片和科学法案》规定：接

---

① 普京：将批准新版俄罗斯人工智能发展战略［N/OL］. 中国新闻网，2023-11-25. https：//www.chinanews.com.cn/gj/2023/11-25/10117699.shtml.
② Jon Russell. China's Sense Time, the World's Highest-Valued AI Startup, Closes $620M Follow-on Round［N/OL］. TechCrunch.com, 2018-05-30. https：//techcrunch.com/2018/05/30/even-more-money-for-senstime-ai-china.
③ National Security Commission on Artificial Intelligence, 2020 Interim Report and Third Quarter Recommendations［R］. 2020：33-45.

受美国资助的半导体公司，至少在 10 年内不得同时在中国或其他受关注的国家投资新的 28 纳米制程以下芯片工厂，[1] 意在通过建立技术同盟将其他国家排挤出人工智能研发国际合作，特别是阻挠中国 6 纳米及以下先进制程芯片工艺的发展。

三、认知域：认知战挑动国际社会撕裂

  认知战理论的形成与发展可以追溯到心理战、信息战和宣传战的历史。在 20 世纪早期，尤其是第一次世界大战和第二次世界大战期间，心理战和宣传战成为各国军队的重要手段。通过广播、传单和其他媒介，交战国试图影响敌方士兵和民众的心理状态，从而削弱其战斗意志和国家支持。这些早期形式的心理战可以被视为现代认知战的雏形。在冷战期间，东西方阵营之间的意识形态对抗极大推动了信息战的技术和理论发展。苏联和美国都致力于通过宣传、间谍活动和文化渗透来影响对方的社会和政治稳定。

  20 世纪末，随着信息技术的迅猛发展，信息战理论逐渐兴起。信息战被定义为在战斗中通过控制信息流动、保护自身信息系统和攻击敌方信息系统来达到军事目的。美国军方在 20 世纪 90 年代提出了信息战的概念，并将其纳入现代战争理论中。信息战的核心在于信息的获取、保护、控制和破坏，这种理论为认知战的进一步发展提供了重要的框架。在信息战理论发展的基础上，学者们开始关注信息对人类认知和决策过程的影响。20 世纪 90 年代末期至 21 世纪初，随着网络技术和数字媒体的普及，信息操纵和舆论导向在社会和政治领域的作用日益凸显。正是在这一背景下，认知战的概念

---

[1] CHIPS and Science Act 2022 [EB]. 2022：18.

逐渐被提出，并作为信息战的延伸或一种新型战争形式被学界和军界讨论。

认知战具有隐蔽性好和渗透性强的优势，被施加方很难发现自身意识受到了外部影响，因而不会增加防范与反抗意识。加之人的思想认识和社会舆论对战争进程的影响不断加强，认知战在现代战争中的应用越来越广泛。西方著名军事理论家克劳塞维茨在《战争论》中曾隐晦地指出，精神要素在战争中具有重要力量，所以战争目标之一就是令对方意志屈服。[1]《孙子兵法》中同样强调"不战而屈人之兵，善之善者也"。2001 年，美国国防部在《网络中心战》报告中首次引入"认知域"概念，明确强调"认知域决定着很多战斗和战争的胜负"。2008 年，美国海军军官斯图亚特·格林撰写了一篇题为《认知战》的学位论文。这篇论文探讨了认知战作为一种新兴的战争形式，如何利用信息、心理学、文化等，影响敌方决策者和公众的认知，以达到战略目标。格林认为认知战不仅是传统心理战或信息战的延伸，也是一种综合性的战略，通过改变敌方的认知方式来影响其行为和决策。认知战的目标包括影响敌方的感知、理解和反应机制，以达到战略优势。[2] 2020 年 3 月，北约盟军转型司令部发布《作战 2040：北约在未来将如何竞争》报告，全面论述了认知战的概念、目标、手段和特征。认知战与混合战争既相互联系又各有侧重，实际上前者可视作后者的一个重要领域。混合战争因为追求低成本、高效率地达成既定目标，所以较为注重对民众认知偏好的塑造，以破坏对方政府的可信度和合法性，这与认知战分化、瓦解对方意志的战略目标相一致。

---

[1] ［德］克劳塞维茨著，中国人民解放军军事科学院译. 战争论：第一卷［M］. 北京：商务印书馆，1982：188.

[2] Stuart E. Green. Cognitive Warfare［D］. Naval Postgraduate School, Monterey, CA, 2008.

(一) 人工智能提升认知战强度

认知战中，传统媒体和互联网 1.0 媒体多以大规模、无差别宣传为主，缺乏认知偏好塑造的精确性，无法做到根据不同对象制定有针对性的宣传策略。人工智能技术进化到深度学习阶段之后，这一问题迎刃而解。第一，在大数据和先进算法的辅助下，可根据用户数据和浏览习惯开展个性化分析。人工智能可以精确定位每个行为个体的喜好、政治倾向、学识、社会关系等基本情况，并预测其未来发展走向，从而有针对性地制定影响行为个体认知的适当策略。某种意义上，人人皆为算法对象，不停地被各种算法所挑选和排斥。算法已不能被简单地视为针对特定任务的解题工具，而是可被视为一种社会选择工具。[①] 第二，可通过推送定制化信息制造"信息茧房"和"回音室效应"。人工智能可根据每个用户的数据生成用户画像，并以用户画像为基础，通过 X、脸书、电报、TikTok 等社交平台按照用户喜欢的叙事方式推送信息，影响用户感知，营造舆论氛围和热点话题，打造有利的舆论环境，令用户成为信息孤岛，以便塑造其认知偏好。第三，可针对特定用户构建特定认知并反作用于现实政治。人工智能在精准塑造特定用户群体对相关政治、经济或安全议题的认知后，即可引导其行为影响现实世界。例如：2016年和2020年美国大选，都出现了社交媒体通过引导话题流量影响选民倾向的情况；2022年，西方媒体与俄罗斯媒体围绕俄乌冲突中的"布查惨案""蛇岛13勇士""扎波罗热核电站遇袭"等话题展开认知战攻防，影响国际社会认知，为自己的军事行动营造舆论支持。

[①] 董青岭，朱玥. 人工智能时代的算法正义与秩序构建 [J]. 探索与争鸣，2021 (03)：83.

第四，ChatGPT 的日渐成熟意味着人工智能还可以利用社交媒体的交互属性，以不同风格的虚拟人物形象与用户直接互动，在潜移默化中改变其认知偏好，这样既能有效吸引用户注意，又可避免单向过度宣传引发的逆反心理。2024 年，OpenAI 发布的人工智能文生视频大模型 Sora 的图像视频生成能力达到了以假乱真的程度，造成视频证据真实性和有效性的验证难题，加速虚假信息的传播。"随着算法和人工智能等技术的普遍应用，社交媒体平台等传播媒介已构建起一种新的传播结构和政治生态图景，由此带来特定认知对现实政治的显著影响。"[①]

智能化混合战争的高度信息化特性，极大提升了认知战的效率和准确度。通过大数据和人工智能等技术，可以更好地理解敌方的行动模式、战略意图和认知偏好，从而更精确地开展深度伪造和信息推送。在个人层面，塑造了所谓"去政治化、去地域化、去差异化"的数字身份认同，为引导和塑造认知、瓦解对手社会凝聚力提供了更多的可能；在国家层面，通过一整套智力、心理和情感操纵技术侵入复杂的社会认知过程，严重破坏协商政治的社会共识，从而使民众感到困惑和迷失，侵蚀社会信任，影响国家和社会的正常发展进程；[②] 在国际体系层面，加剧了主权国家与科技公司之间的规则博弈，以及主权国家之间的意识形态对峙，阻碍全球化进程。

（二）数字身份认同崛起

二战后，全球范围内的民族解放运动促使民族国家体系走向成

---

① 蔡翠红. 社交媒体"算法认知战"与公共外交的新特点［J］. 人民论坛，2022（13）：22.
② Maxime Lebrun. Anticipating Cognitive Intrusions：Framing the Phenomenon［J］. Hybrid CoE Strategic Analysis 33，2023：6.

熟。现代民族国家借助大众传播工具和义务教育体系自上而下地构建起个人认同、集体认同和国家认同结构，并据此展开国家之间的交流与合作。随着各类社交平台、物联网设备和增强现实（AR）技术的完善，数字空间与现实空间的关系愈加紧密、互动日益频繁。除了传统的身份认同体系，民众开始关注数字身份的建构与传播。与现实空间不同，数字空间超越了地缘与国界的限制，身份认同并不完全依赖历史传承、血缘或者故土情感维系，而是以技术资源和新型文本的占有为核心，制造所谓"去政治化、去地域化、去差异化"的数字身份。

2023 年巴以冲突期间，世界各地民众在铺天盖地的真假信息中选择接受或者被动接受能够与自身情感共鸣的部分并进行二次传播。无论是原创素材、剪辑资料还是深度伪造信息，只要能提供足够的情感价值，都可以在数字空间快速传播。志同道合者利用 Telegram 或者 WhatsAPP 等平台建立起多个拥有数万甚至数十万关注者的社群，共同表达自身立场，建立起新的政治身份，即价值观、符号、观念和情感唤起的统一体。伴以既有的传统身份认同和已接受的情感认同，新政治身份作为核心要素与二者一同构建成数字身份认同，冲击了传统的想象共同体，影响当下时代政治经济逻辑和社会发展的变化。[①] 数字身份认同的产生塑造了网民和公民这两个不同的身份，形成全新的身份链接和政治价值。在未来的认知战中，这种身份认同的解构与重构为引导和塑造认知、瓦解对手社会凝聚力提供了更多的可能。

（三）社会撕裂效应放大

2023—2024 年，哈马斯和以色列在认知战中雇用了大量自媒体

[①] 周庆安，朱虹旭. 难以想象的共同体：全球数字空间的身份认同重构［J］. 新闻与写作，2023（06）：47.

博主和网络人士。他们倾向于使用更具吸引力、更能挑动情绪的话题和素材，操纵话题更加灵活，设置议题能力更强、空间更大，政治倾向更为明显，相对忽视新闻伦理，反而在舆论场上更易形成声势。不仅在多个国家引发穆斯林群体和犹太人的对立，还挑动了精英阶层与草根阶层在政治观点上的分化，甚至在一定程度上压缩了这些国家的政策空间。由于全球经济复苏乏力，很多国家经济发展仍然面临诸多问题，如产业空心化、就业不足、债务负担等，因此引发了一系列社会矛盾甚至社会动荡。各种极端思潮甚嚣尘上，不同种族、不同信仰、不同阶层的群体之间的关系日渐紧张，成为认知战的突破口。认知战的目的是利用民众的认知反射、偏见和歧视，通过一整套智力、心理和情感操纵技术侵入这些复杂的社会认知过程，严重破坏协商政治的社会共识，从而使民众感到困惑和迷失。[①]如果对手内部原本已经存在分歧、争端或者对立，认知战将会更好地发挥分化瓦解的作用，放大社会撕裂的效应。当频繁的认知战让社会撕裂状况成为常态，对于一个国家的长期发展稳定而言，必然会引起极大的负面作用，民粹主义、极右翼势力、宗教极端主义等可能取代正常的协商政治，甚至危及国际安全与稳定。

（四）主权国家与科技公司的规则博弈激烈

2023年巴以冲突中的认知战首次大规模使用人工智能技术。大量自媒体利用生成式人工智能技术输出图像和视频，将伪造信息可视化，增强煽动性；以色列通过人工智能技术识别虚假照片和视频，为自身行为辩护；各大网络平台以人工智能配合算法，根据用户分

[①] Maxime Lebrun. Anticipating Cognitive Intrusions: Framing the Phenomenon [J]. Hybrid CoE Strategic Analysis 33, 2023: 6.

类精准投送信息，挑动对立。因此，技术优势成为赢得认知战的一个重要因素，而为了保证人工智能技术优势展开的科技竞争日趋激烈。

主权国家与科技公司之间的规则博弈加剧。由于科技公司（亚马逊、微软、谷歌等）、社交媒体平台（电报、脸书、推特等）和搜索引擎（谷歌、必应等），在信息传播和控制方面具有巨大的影响力。它们可以通过算法推荐、内容过滤和信息审查等方式，决定哪些信息更容易被用户看到，哪些信息被隐藏或删除，以影响公众舆论；通过收集大量用户数据，包括行为数据、位置数据、社交数据等，分析公众的心理状态、行为模式和社会情绪，从而在认知战中更有效地进行目标定位和信息投放；通过开发各类人工智能算法模型，推出新的工具和平台（虚拟现实、增强现实和区块链技术等），提升个体用户参与认知战的效果和效率。上述情况可能造成数据的滥用，形成（科技公司的）数据独裁。[①] 所以，主权国家出于国家安全和社会稳定的考虑，要求科技公司规范数据采集、加强数据保护，要求社交平台修改推送规则、监管虚假信息。但是，上述要求往往被科技公司以各种法律或商业理由拒绝。2024年8月，法国警方以平台缺乏审核机制为由，逮捕电报创始人杜罗夫，指控他拒绝配合调查与电报平台有关的犯罪，包括贩毒、剥削儿童、欺诈等。这一事件反映出主权国家规制科技公司和社交平台的手段有限，只能从平台内容入手，以法律手段展开博弈。

认知战在2023年巴以冲突中的表现可能会加速国家与国家之间、国家与非国家行为体之间的博弈，特别是国际主要社交媒体平台在虚假信息面前集体沦陷，误导信息、虚假信息、恶意信息等的

---

① ［英］维克托·迈尔-舍恩伯格，肯尼斯·库克耶著，盛杨燕，周涛译. 大数据时代[M]. 杭州：浙江人民出版社，2013：195.

数量规模和传播速度已经远远超出各平台的甄别能力，在全球多个国家引发对立，其煽动情绪、引导认知的效果远超预料，必须不断更新算法、加强算力、引入更先进的人工智能系统加以应对，凸显掌握前沿科技的重要性。

第六章 以三大全球倡议应对混合战争

当前，世界正经历百年未有之大变局，这一变局的最显著特征就是混合战争成为国际竞争中的常规手段。在这一背景下，国家间的竞争和冲突不仅局限于传统的军事对抗，还包括信息战、经济战、网络战等多种形式的混合战。面对日益严峻复杂的国际局势，中国国家主席习近平在全球范围内提出了三项重要倡议：全球发展倡议、全球安全倡议和全球文明倡议。这三大全球倡议不仅是中国对国际社会的积极回应，也是对当前全球问题的战略性解决方案，"为完善全球治理、应对世界变局、破解人类难题贡献中国智慧和中国方案，为构建人类命运共同体提供了战略引领"。①

全球发展倡议的核心目标是促进全球发展，减少国际冲突和对抗。近年来，发展中国家在全球经济中扮演着越来越重要的角色。然而，由于技术差距和经济实力的悬殊，这些国家常常面临发达国家的技术霸凌和经济压迫。在这种情况下，全球发展倡议致力于通过国际合作和资源共享，减少发达国家对发展中国家的压制，避免大国之间的技术和经济优势造成不必要的冲突。这一倡议致力于防止混合战争的蔓延，因为经济冲突往往会引发更多形式的混合战争。通过促进全球的公平发展，全球发展倡议旨在降低混合战争的频度，从根本上减少全球不稳定因素。

---

① 和音. 以落实三大全球倡议为战略引领——推动世界走向和平、安全、繁荣、进步的光明前景［N］. 人民日报，2024-01-17，第15版.

全球安全倡议则聚焦于管控国际争端和分歧，防止智能化混合战争的持续升级。现代战争不仅是传统的军事冲突，还涉及智能化技术的应用，如人工智能和网络攻击，这些技术的应用使得战争的烈度和复杂性大大增加。全球安全倡议强调通过多边合作和对话机制解决国家间的争端，防止技术和信息战的升级。在这一倡议下，通过建立更为有效的国际安全机制，混合战争的烈度能够得到有效控制，避免冲突的全面激化。

全球文明倡议则关注于文明间的互鉴与包容。在当今的国际环境中，物理战、网络战、认知战的融合进一步撕裂了国际社会，使得文明之间的冲突和误解加剧。全球文明倡议提倡不同文明间的相互理解与尊重，推动各国在文化、价值观上的交流与融合。这一倡议旨在通过促进文明之间的对话与合作，增进国家和民族间的政治互信，减少文化冲突带来的紧张局势。通过推动文明之间的包容共存，全球文明倡议为解决国际社会中存在的深层次矛盾提供了新的思路和解决方案。

三大全球倡议分别从发展、安全和文明三个方面出发，试图为完善全球治理体系、应对世界变局、破解人类难题贡献中国智慧和中国方案。全球发展倡议通过促进公平发展减少国际冲突和技术霸凌；全球安全倡议通过加强国际合作和管控争端防止混合战争的升级；全球文明倡议通过促进文明互鉴减少文化冲突。这些倡议不仅为国际社会提供了战略性的引领，也为构建人类命运共同体提供了有力的支持。

一、全球发展倡议：以共同发展防止混合战争蔓延

全球发展倡议聚焦共同发展，为落实联合国 2030 年可持续发展

议程提供助力。近年来，混合战争频发的主要原因在于世界发展乏力以及发展不平衡，部分大国可以凭借技术优势在混合战争中先发制人，迫使发展中国家改变政策偏好。国家与国家之间、国家与非国家行为体之间的关系日益复杂，使得混合战争成为争夺利益、影响力的手段。全球发展倡议覆盖八大重点领域、涉及17项可持续发展目标，能够有效促进各国经济发展和互联互通，汇聚全球发展合力。推动落实全球发展倡议，有助于为发展中国家提供更多发展机会，弥补经济和技术差距，从而在一定程度上缩小南北鸿沟、增强发展中国家治理能力，降低混合战争发生的概率。

（一）缩小南北鸿沟应对贸易保护和科技霸凌

2008年国际金融危机发生以来，全球经济发展遭遇严重困难，虽然主要经济体采取了一系列措施，但是总体效果有限，实体经济与虚拟经济失调、货币超发、债务负担沉重等问题依然存在。2008—2022年，全球GDP年均增长率为2.57%，其中2009年和2020年为负增长；全球人均GDP年均增长率仅有1.41%；全球年均通货膨胀率则达到3.59%；2022年，西方主要经济体的债务负担创新高，其中美国联邦政府债务总量达到GDP的115.7%，日本达到217.6%，法国达到116.5%，英国达到185.4%。[1] 经济发展乏力直接导致世界各国由增量竞争转变为存量竞争，欧美发达国家提出重振制造业的口号，从中国等发展中国家召回产能，加大技术封锁力度。2024年2月，美、英、日、韩、澳等10国发表联合声明，支持6G原则，建设基于卫星的天基网络，意图在6G标准建立、技术采用和网络建设等方面推行"小院高墙"战略。2024年5月，美国宣

---

[1] Databank [EB/OL]. The World Bank. https://data.worldbank.org.cn/indicator.

布对自中国进口的电动汽车、锂电池、光伏电池等约180亿美元的产品加征关税。①

随着贸易保护主义愈演愈烈，多边经贸体系遭到破坏，金融、贸易、技术等手段成为部分大国发动混合战争的重要工具，全球经济模式面临回到零和博弈的风险。因此，全球发展倡议呼吁共同推动全球发展迈向平衡协调包容新阶段，倡导共创普惠平衡、协调包容、合作共赢、共同繁荣的发展格局，构建全球发展命运共同体。

第一，全球发展倡议坚持普惠包容，关注发展中国家特殊需求，着力解决国家间和各国内部发展不平衡、不充分问题。2023年7月，全球共享发展行动论坛首届高级别会议在北京举行，会议发布《全球共享发展行动论坛首届高级别会议北京声明》《全球发展项目库准则》《全球发展项目库筹资准则》，强调要持续深化南南合作，推动南北对话，推动构建新型南北关系，反对将发展问题政治化。全球发展倡议通过吸引更多国家和非国家行为体加入，巩固国际社会重视发展、共谋合作的势头。防止部分国家滥用经贸手段、金融手段等强迫他国改变或放弃目标偏好，遏制混合战争在经贸领域无序蔓延。

第二，全球发展倡议鼓励发达国家、新兴市场国家、联合国及相应国际组织、科技跨国公司等帮助发展中国家加快人才培养，弥补技术代差。通过政府、企业、高校和研究机构等相关主体开展分工协作，充分发挥各主体独特优势，探索整合智力和实践资源的"大网络"模式，防止技术大国凭借人工智能、超级计算机等前沿领域的优势滥用混合战争压迫发展中国家。2013年以来，中国与"一带一路"沿线国家启动53家"一带一路"联合实验室建设，支持

---

① 美滥用保护主义对华加征关税 政治操弄反噬其身［N/OL］. 新华社，2024-05-15. http://www.news.cn/world/20240515/89e6a6764f114284a6977d4d17b865d1/c.html.

3500 余人次青年科学家来华开展为期半年以上的科研工作，培训超过 1.5 万名国外科技人员，资助专家近 2000 人次。① 2023 年 11 月，在首届"一带一路"科技交流大会上，中国首次提出《国际科技合作倡议》，倡导并践行开放、公平、公正、非歧视的国际科技合作理念，坚持"科学无国界、惠及全人类"，携手构建全球科技共同体。② 同时，以中国—东盟、中国—非洲、中国—中亚等区域性网络和减贫、绿色发展、数字化等专题网络为支撑，加强同有关国家智库、国际组织的交流合作，共同做好全球发展知识网络建设。③

（二）增强发展中国家治理能力减少冲突根源

发达国家长期主导经济全球化进程和相关技术规则制定，使得发展中国家在国际政治经济秩序中总体上处于不利地位，缺少发展资金、技术水平落后。发展机会的缺失加剧了落后国家的贫穷、混乱和冲突。截至 2023 年，世界上 43% 的经济移民和难民（共 7900 万人）来自中低收入国家，寻求改善收入状况和安全状况是驱使移民逃离家园的主要原因。④ 在低收入国家，流动性紧缩以及利息支付的高成本对必要的投资产生挤出效应，进一步阻碍了经济的恢复过程。⑤ 贫穷、社会不满和不平等导致部分发展中国家和地区难以有效应对内部和外部挑战，只能依赖混合战争战术的非对称优势。2023 年 10 月，在经济发展受限、水电等重要资源受控的背景下，哈马斯

---

① 张亚雄，杨舒．我国积极推进全球科技交流合作［N］．光明日报，2022－11－19，第 06 版．
② 中华人民共和国科学技术部．国际科技合作倡议［EB/OL］．2023－11－07．https：//www.most.gov.cn/kjbgz/202311/t20231107_188728.html.
③ 中国国际发展知识中心．全球发展倡议落实进展报告 2023［R］．2023：35．
④ The World Bank. World Development Report 2023: Migrants, Refugees, and Societies [R]. 2023: 2.
⑤ IMF. World Economic Outlook [R]. 2024.

通过发动混合战争突袭以色列，试图改变自身境地，引发50年来规模最大的巴以冲突。

全球发展倡议重视有效的治理结构和机构，坚持行动导向，强调分享发展知识、加强技术交流、促进能力建设是国际发展合作的重要内容和手段。

第一，通过促进发展知识分享和能力建设，为发展中国家提供更多发展机会，缩小"数字鸿沟"、弥合技术差距，提升人民的生活水平和社会福利，减少人们对于以冲突和战争改变现状的诱惑，从而降低混合战争的吸引力。2022年1月，中国在联合国发起成立"全球发展倡议之友小组"，目前已有近70个国家加入；9月，中国设立全球发展倡议项目库并公布首批50个务实合作项目清单，涉及减贫、粮食安全、工业化等多个领域。经过一年多的努力，项目库务实合作项目已超过100个，近40个发展中国家从中受益。[①] 11月，全球发展促进中心揭牌；2023年1月，全球发展促进中心网络成立，30多个国家和区域组织对口部门正式加入。其他平台建设，如全球减贫与发展伙伴联盟、国际疫苗创新与研发合作联盟、世界职业技术教育发展联盟、中国—太平洋岛国农业合作示范中心等，也在积极推动过程中。通过上述项目引领，中国与发展中国家及国际组织分享各自在优势领域的发展成果，共同应对粮食安全、减贫、能源安全、产业链供应链紊乱等突出问题，增强发展中国家的治理能力，防止经济衰退和社会动荡。

第二，积极向发展中国家提供培训和资源，以提高其政府官员和企业员工的管理水平和业务能力，从根本上解决发展中国家治理水平相对较低的现状，巩固现有发展成果，为国家治理提供人才支撑。2022年以来，中国政府立项安排1000期人力资源开发合作项

---

① 中国国际发展知识中心. 全球发展倡议落实进展报告2023 [R]. 2023：3-6.

目，累计提供2万个培训名额，基本覆盖全部"全球发展倡议之友小组"国家；中国国际扶贫中心开展了11期国际减贫和乡村振兴主题培训项目，来自25个国家的361名学员完成培训；"化学地球"大科学计划为来自20多个国家的209名外籍学员提供培训；发展中国家青年跨境电商扶贫和可持续发展能力建设研修项目为近百个国家的1000多名学员提供电商交流培训。柬埔寨前首相洪森表示："全球发展倡议已经成为支持发展中国家恢复社会经济发展和实现联合国2030年可持续发展目标的主要推动力。"①

二、全球安全倡议：以普遍安全限制混合战争升级

2022年4月，习近平主席在博鳌亚洲论坛发表主旨演讲，首次提出全球安全倡议，为应对国际安全挑战提供了中国方案，旨在消弭国际冲突根源、完善全球安全治理，推动国际社会携手为动荡变化的时代注入更多稳定性和确定性，实现世界持久和平与发展。2023年2月，中国政府正式发布《全球安全倡议概念文件》，体现出中国特色的大国安全观，受到国际舆论高度关注。概念文件阐释了全球安全倡议的核心理念和原则，进一步明确了20个重点合作方向以及5个合作平台和机制。②《全球安全倡议概念文件》与混合战争的威胁在核心理念、重点合作方向、合作平台与机制方面具备对应性，能够限制智能化混合战争进一步升级，化解混合战争综合运用军事和非军事手段、常规和非常规战术带来的多元化威胁，有效限制混合战争升级。

---

① 和音. 持续推进全球发展倡议走深走实 [N]. 人民日报, 2023-07-11, 第02版.
② 方长平. 全球安全倡议与中国特色大国安全观 [N]. 中国社会科学报, 2023-11-02, 第A07版.

（一）落实核心理念和原则化解混合战争的模糊性

混合战争旨在从心理上影响敌对国，使其陷入不确定性中，以达到不宣战就能削弱和摧毁对手的目标。① 所以，混合战争与以往战争相比体现出极强的模糊性，② 战争各要素没有主次之别，而是高度融合，当事方难以判断混合战争中战争与和平、常规战争与非常规战争之间的界限，削弱国际互信，导致各方以先发制人确保自身安全。全面落实《全球安全倡议概念文件》的核心理念与原则有助于防止混合战争的模糊性进一步增强，避免混合战争的界限完全消解。

第一，防止战争与和平的界限崩塌。混合战争往往在没有明显的战争声明的情况下进行，或者在表面上看似和平的状态下进行。除了国家之间的军事行动，非国家行为体也会以代理人或者技术支持者等形式卷入混合战争中，这些行动难以被确定为明显的战争行为，使得战争与和平的界限变得日益模糊。习近平主席提出的共同、综合、合作、可持续的新安全观，秉持共同安全理念，尊重和保障每一个国家的安全，并坚持通过发展化解矛盾，消除各国之间、主权国家与非国家行为体之间在利益、安全、边界等不同方面的分歧，避免战略误判，从根源上防止混合战争的发生。通过重申尊重各国主权和尊严、不干涉他国内政，推动各国权利平等、机会平等、规则平等，减少公开使用强制手段欺凌他国的情况，实现"和合共建"与"和合共享"的真正多边主义。③

---

① 斯维特兰娜·伊戈列夫娜·科达涅娃，张广翔，苏宁. 混合战争：概念、内容与对策[J]. 思想理论战线，2023，2（04）：103.
② Murat Caliskan. Hybrid Warfare through the Lens of Strategic Theory [J]. Defense and Security Analysis, 2019, 35 (01): 47.
③ 余潇枫，王梦婷."全球安全倡议"：人类安全的"前景图"[J]. 国际安全研究，2023，41（01）：24.

第二，避免非常规战争成为常态。由于混合战争的参与者包括传统军队，以及恐怖组织、黑客团队、私人军事公司等各种非国家行为体，利用上述非国家行为体发动代理人战争、网络攻击、政治干预等非常规战争成为混合战争的突出特点。所以，美国国防部计划扩大公私合作伙伴关系，利用私营部门的技术专长和分析能力，在全球范围内减少安全漏洞，并让私营部门承担更多的国防项目。[①]非常规手段和方法在混合战争中的比例为70%—80%，使用武力的部分只有20%—30%，甚至是更少。[②]虽然非常规战争可以有效降低战争成本并掩盖战略意图，但也导致常规战争与非常规战争的界限愈加模糊，难以判断进攻行为是否发生。全球安全倡议坚持通过对话协商以和平方式解决国家间的分歧和争端，反对制裁、干预、拱火等行径，有利于降温灭火、维稳劝和。通过为关键国家搭建对话平台，协商解决分歧，减少其以非常规战争应对问题的冲动。2023年3月，沙特和伊朗在中国斡旋下恢复外交关系，不但改善了双边关系，而且促使一系列地区热点降温，形成强烈的示范效应。

（二）落实重点合作方向防范混合战争过度智能化

随着全球化和信息化的深入发展，国际安全环境变得日益复杂，传统的战略战术和攻防手段已经无法满足维护国家政治安全、国土安全和军事安全的需求，特别是网络战、认知战、无人化战争等新型战争形态的出现，使得战争更加需要人工智能技术的支持。因此，人工智能在人力资源替代、精准识别信息和多线程操作三个方面发

[①] U. S. Department of Defense. 2023 DoD Cyber Strategy [EB/OL]. 2023 – 09 – 12. https：//media. defense. gov/2023/Sep/12/2003299076/ – 1/ – 1/1/2023_DOD_Cyber_Strategy_Summary. PDF.

[②] Калистратов А. Война и Современность. Современные Войны：Разберемся с Классификацией [J]. Армейский Сборник，2017（07）：9.

挥作用，混合战争逐步向智能化方向发展，造成战争门槛降低、虚假信息泛滥、致命性自主武器失控等一系列潜在风险。为了构建人类安全共同体，携手建设一个远离恐惧、普遍安全的世界，《全球安全倡议概念文件》倡导各方在包括但不限于 20 个领域积极开展单项或多项合作，与中方的努力互补互促，共同促进世界和平安宁。[①] 其中专门列出加强人工智能等新兴科技领域国际安全治理，预防和管控潜在安全风险。

第一，推动达成普遍参与的国际机制，规范人工智能的应用。2021 年巴以冲突、2022 年爆发的俄乌冲突和 2023 年巴以冲突都引入了致命性自主武器系统、人工智能信息处理系统、生成式人工智能等人工智能技术的最新成果，混合战争智能化已经是大势所趋。这三年的冲突案例凸显了技术优势在混合战争中的决定性作用，导致上述技术成果被用于混合战争的风险加大。2020 年，中国在"抓住数字机遇，共谋合作发展"国际研讨会提出《全球数据安全倡议》，倡导共同构建和平、安全、开放、合作、有序的网络空间命运共同体，反对侵害数据安全、企业和个人信息等行为。[②] 2023 年 10 月，中国发布了《全球人工智能治理倡议》，并将其纳入全球安全倡议的框架内，倡导各方"以人为本"，坚持"智能向善"的宗旨，不断提升人工智能技术的安全性、可靠性、可控性，秉持共商共建共享的理念，协力共同推进人工智能治理，旨在推动达成普遍参与的国际机制，避免人工智能等新兴科技在混合战争中被滥用。

第二，推动形成具有广泛共识的治理框架和标准规范，规范人工智能的研发。近年来，中国与相关各方先后达成《全球数据安全

[①] 中华人民共和国外交部. 全球安全倡议概念文件 [EB/OL]. 2023 – 02 – 21. https://www.mfa.gov.cn/wjbxw_new/202302/t20230221_11028322.shtml.

[②] 中国政府网. 全球数据安全倡议（全文）[EB/OL]. 2020 – 09 – 08. https://www.gov.cn/xinwen/2020 – 09/08/content_5541579.htm.

倡议》《全球人工智能治理倡议》《中阿数据安全合作倡议》《"中国+中亚五国"数据安全合作倡议》等文件，初步建立起限制性规范集群，为进一步明确人工智能武器（致命性自主武器）的定义打下了基础。这不仅有利于建立防止出现完全自主的致命性自主武器和战场决策系统，确保人类对人工智能的控制，而且能够提高国际社会对先进技术研发风险的认识和警觉性，鼓励各国政府、科研机构、企业等各方面共享信息，共同规范先进技术的研发方向，避免人工智能研发过度军事化。

（三）落实合作平台和机制应对混合战争的多维性

混合战争威胁的特质在于：第一，致防守者进退维谷；第二，综合使用各种威胁手段；第三，引发连绵不断的冲突；第四，制造并利用混乱局势；第五，挑战现有规则、秩序和价值观；第六，灵活多变，难以提前预防；第七，能够以不同方式威胁或胁迫对手。[1] 基于上述特质，混合战争以人工智能技术为辅助，快速整合多重威胁手段影响对手，并能够根据对手变化作出及时应变，致其陷入内外交困的境地。混合战争的重点不在于实力比拼，而是借助人工智能等先进技术手段探寻并攻击对方弱点，涉及物理域、信息域、认知域三个战场，包含"软实力"工具、信息战（认知战）、网络战、"颜色革命"等主要要素。[2] 因此，混合战争难以划分前线和后方，而是在多个维度、多个领域同时展开。

全球安全倡议超越了零和博弈的对抗思维，倡导共同、综合、

---

[1] Sean Monaghan. Deterring Hybrid Threats: Towards a Fifth Wave of Deterrence Theory and Practice [J]. The European Centre of Excellence for Countering Hybrid Threats, 2022: 11 – 13.
[2] 斯维特兰娜·伊戈列夫娜·科达涅娃，张广翔，苏宁. 混合战争：概念、内容与对策 [J]. 思想理论战线, 2023, 2 (04): 103 – 110.

合作、可持续的新安全观，强调安全不可分割，不仅将全部国家行为体和非国家行为体纳入安全主体范畴，而且将安全范围扩展到包含高政治领域和低政治领域的全领域,[①] 从源头上防止混合战争发生，而不仅仅是被动应对，达到标本兼治的效果，是安全领域一场广泛而深刻的革命。《全球安全倡议概念文件》规划整合了五大类全球安全倡议的合作平台和机制，包括联合国大会及相关机构、上海合作组织等区域多边组织、双边和多边高级别活动、北京香山论坛等国家和非国家行为体的交流对话平台，以及各类针对非传统安全领域的国际交流合作平台和机制。上述平台和机制将国家行为体与非国家行为体、传统安全与非传统安全、区域安全与全球安全统筹在一起，坚持系统思维和战略思维，多管齐下、综合施策，覆盖了智能化混合战争的各个要素，而不是孤立地看待混合战争的某个侧面或维度，既能满足中国自身的安全诉求，也有助于维护国际安全秩序的稳定。

三、全球文明倡议：以文明互鉴消除混合战争土壤

2023年3月15日，习近平总书记在中国共产党与世界政党高层对话会上发表主旨讲话，首次提出以四个"共同倡导"为核心理念的全球文明倡议，即共同倡导尊重世界文明多样性、共同倡导弘扬全人类共同价值、共同倡导重视文明传承和创新、共同倡导加强国际人文交流合作。[②] 5月，在西安举办的中国—中亚峰会上，中国同

---

① 刘胜湘，唐探奇．安全不可分割：理论内涵与实现路径——兼论全球安全倡议［J］．国际安全研究，2023，41（05）：19．
② 习近平．携手同行现代化之路——在中国共产党与世界政党高层对话会上的主旨讲话［N/OL］．中国政府网，2023 - 03 - 15．https：//www.gov.cn/gongbao/content/2023/content_5748638.htm．

中亚五国达成积极践行全球文明倡议的共识，[1]标志着全球文明倡议进入落实落地阶段，致力于实现不同文明包容共存、交流互鉴，对推动人类社会现代化进程、缓解和平赤字、消除混合战争产生的土壤有着重要意义。

（一）尊重世界文明多样性对冲认知战影响

认知战被视作一种新型的信息战，是混合战争的主要工具之一。其核心是通过信息技术和媒体平台，对特定目标群体的认知、理解和观点进行塑造和引导，通过影响人们的思想和观念来达到目标，例如，改变公众对某一政策的接受程度，或是操控舆论、塑造特定的社会情绪等。其手段包括但不限于使用社交媒体进行信息传播，发布误导性或不准确的信息，利用生成式人工智能进行深度伪造等。2023年巴以冲突爆发后，双方在网络空间开辟第二战场，诉诸认知战手段，加剧了巴以冲突的外溢效应，搅动多国局势。受此影响，2023年10月7日至11月7日，美国发生832起反犹事件，平均每天近28起，同比增长316%，其中632起骚扰事件、170起破坏财物事件、30起暴力袭击，而且124起事件发生在大学校园内（2022年同期只有12起）；[2]同一时期，美国—伊斯兰关系委员会记录了774起针对美国穆斯林的仇恨言行案例，同比增长3倍多。随着社交媒体和移动互联设备的普及，认知战的覆盖面和影响度远超以往。大规模认知战不仅有可能引发社会恐慌、破坏社会秩序，还会传播错

---

[1] 中国—中亚峰会成果清单（全文）[N/OL]. 新华社，2023-05-19. https：//baijiahao.baidu.com/s? id=1766316427120839813.

[2] Anti-Defamation League. One Month Following Hamas Massacre, ADL Documents Dramatic Surge in Antisemitic Incidents in the U.S [N/OL]. 2023-11-11. https://www.adl.org/resources/press-release/one-month-following-hamas-massacre-adl-documents-dramatic-surge-antisemitic.

误或扭曲的信息,破坏国际社会的信任体系。

全球文明倡议顺应国际社会增进文明对话交流、促进文化繁荣发展的共同需求,尊重世界文明多样性,强调文明互鉴,倡导和而不同、兼收并蓄的文明交流,为对冲认知战影响提供了理念支持。第一,尊重文化和价值观多样性,减少文明隔阂。认知战倾向于使用文化和价值观差异等更具吸引力和挑动性的话题和素材,引发情绪对立,制造社会撕裂,达到对敌进行心理压制的目的。全球文明倡议倡导尊重多样化的文化和价值观,尊重各国历史特点和文化传统,尊重各国人民自主选择发展道路的权利,主张不同文明之间应相互尊重而非相互排斥,相互交流而非相互取代,每一种文明都不应当成为其他文明的安全威胁,每一种文明也都不应当从本质上将其他文明视为安全威胁,从而提高全球民众对多元文化和价值观的理解和接纳,抵消认知战的情绪引导和挑动。第二,倡导建立开放透明的信息传播渠道,避免二元对立。认知战利用算法、人工智能等技术制造"回声室效应",在窄化信息范围的同时强化意见表达,以影响舆论走向、制造二元对立。全球文明倡议主张建立开放透明的信息传播渠道,提倡公平公正的新闻报道,鼓励不同文化、宗教和种族的交流和理解,反对通过信息操纵蓄意制造隔阂与对立,规制科技公司和社交平台的数据采集和信息推送行为,推动构建和谐共处的国际环境,共同应对认知战在信息传播领域的挑战。

(二)弘扬全人类共同价值超越霸权思维和冷战思维

冷战结束后,部分西方国家强调权力政治与零和博弈,侧重于单一的国家或文化优越性,如克林顿政府的参与和扩展战略、小布什政府的"大中东计划",都是借"新干涉主义"理论,强制推行"普世价值",利用"民主叙事"和"人权叙事",打造"价值观联盟"。"拜登政府也在推动以'蓝点网络'的进展和原则为基础的'重建更好世界'（B3W）基建计划，试图促使先进'民主国家'在标准制定、数据治理、技术转让政策、供应链重组和研发推广等问题上共进退。"① 上述带有霸权思维和冷战思维的政策导致多个发展中国家遭遇外部干涉或打压，国家发展近于停滞。由于缺少制衡手段，这些国家选择带有混合战争特点的战略战术，利用非对称优势开展反击，反而令美国等大国加快在军事领域全面引入混合战争概念，在全球范围内挑起意识形态对立，控制规则议程和国际话语权，引发文明冲突和地区动荡。

"全人类共同价值坚持普遍性与特殊性相统一，既弘扬促进人类发展进步的共同价值，也尊重不同国家、不同文明在价值实现路径上的特殊性差异性，超越了所谓'普世价值'的狭隘历史局限。"② 全人类共同价值包含和平、发展、公平、正义、民主、自由六个方面，主张国家不分大小、强弱、贫富一律平等；尊重各国根据各自国情选择发展道路，坚决反对外部势力干涉；强调双赢、多赢、共赢的新理念，确保各国发展权利平等、机会平等、规则平等；强调文明交流和对话，反对将一国的价值观和发展模式强加于人，不搞意识形态对抗，本着找到共同利益汇合点的原则，推动构建人类命运共同体。因此，全球文明倡议通过弘扬全人类共同价值超越"普世价值"，超越霸权思维和冷战思维，推动全球治理体系改革，探索消除文明隔阂、化解文明冲突的路径方法，逐步减少以混合战争干涉他国安全和利益的事件，促进世界的和平与发展。

---

① 叶成城，王浩. 拜登政府价值观联盟战略初探［J］. 现代国际关系，2021（09）：13.
② 和音. 坚定弘扬全人类共同价值［N］. 人民日报，2024-01-11，第04版.

(三) 加强国际人文交流合作增进政治互信

混合战争模糊了战争和非战争、军事和非军事行动的界限,而且在实施过程中,战争的意图、行动甚至战争事实本身都要加以隐蔽。战争发动者"致力于同潜在被侵略国建立形式上的良好关系",因为"隐蔽的信息影响"有利于侵略国掩盖侵略意图,维护自身行为的合法性。[①] 在此背景下,政治互信的缺失会使得国家间、国家和非国家行为体之间的误判和误解增多。当两个或者多个主体之间缺乏互信时,它们更可能怀疑对方的意图,更可能过度解读对方的态度和行动,并采取激进的防御或者攻击行动,从而增加了混合战争爆发的风险。另外,当前国际社会面临的威胁,更多的来自非传统安全领域,如互联网、金融等。这些领域的安全问题需要通过国际合作共同应对。如果缺乏政治互信,国际合作难以进行,将使得非传统安全威胁无法得到有效应对,为混合战争的发生提供更多土壤。

全球文明倡议坚持文明交流互鉴,凝聚精神共识,强化认同纽带,增进理解信任。[②] 在尊重文明多样性的基础上,通过加强国际人文交流合作,增加不同文明间交往的广度和深度,极大增进民众之间的友谊和对彼此文化的了解,超越文明隔阂,防止因未知和误解导致文明冲突。党的十八大以来,中国与157个国家签订文化合作协定,建立41个双多边文旅合作机制;[③] 与25个"一带一路"沿线国家签署了学历和学位互认协议,推动实施2331个中外合作办学机

---

① Костатин Сивков. Во Главе с «пятой Колонной» —часть I [J]. Военно - Промышленный Курьер. 2015 (03): 4.
② 邢丽菊. 全球文明倡议的理论内涵及时代意蕴 [J]. 现代国际关系, 2023 (07): 65.
③ 中华人民共和国文化和旅游部. 旅游合作民相亲 文化交流心相通——党的十八大以来旅游业高质量发展系列报道之六 [N/OL]. 2022 - 10 - 14. https: //www.mct.gov.cn/preview/special/xy20d/9676/202210/t20221014_936459.htm.

构和项目，54.1%的来华留学生来自"一带一路"沿线国家；[1] 同181个建交国家普遍开展了教育合作与交流，与159个国家和地区合作举办了孔子学院（孔子课堂），与58个国家和地区签署了学历和学位互认协议，建设了23个"鲁班工坊"。[2] 教育部还通过各类基金帮助欠发达国家发展基础教育，共享中国的发展成就。广泛的人文交流活动能够在主权国家之间、国家与非国家行为体之间构建起多层次、多领域的文明交流格局，不同国家、不同主体可以在其中获得更多认知信息，避免出现认知偏差或者认知失调，在充分的交流合作中增进政治互信。当主体间存在政治互信时，他们就可以正确理解和评估对方的意图和行动，避免因为误判而采取不必要的混合战争行动。

四、落实三大全球倡议应对混合战争的实践路径

全球发展倡议、全球安全倡议和全球文明倡议相互关联、相互影响。全球发展需要以全球安全为保障，全球安全需要以文明互信为支撑，而文明互信又需要以发展和安全为基础。"'三大倡议'是解决世界发展难题、应对全球安全风险、促进文明交流互鉴的中国智慧和中国方案"，[3] 为应对混合战争提供了战略框架和实践路径，推动人类社会朝着共同发展、长治久安、文明互鉴的正确方向不断

---

[1] Liu Xuan, Zhang Li. Decades of Exchange Produce Finest Fruit [N/OL]. China Daily, July 5, 2021-07-05. https://www.chinadaily.com.cn/a/202107/05/WS60e26599a310efa1bd65fb07_5.html.

[2] 中华人民共和国教育部. 中国教育国际影响力不断增强——党的十八大以来教育国际合作交流发展纪实 [N/OL]. 2022-09-23. https://hudong.moe.gov.cn/jyb_xwfb/xw_zt/moe_357/jjyzt_2022/2022_zt09/13gjjl/202209/t20220923_663987.html.

[3] 曾向红，田嘉乐. "三大倡议"的内在联系及其世界意义 [J]. 教学与研究，2024 (04): 88.

迈进。

（一）落实全球发展倡议缓解紧张态势

第一，凝聚发展优先的共识，防止国际经贸政治化。通过不断完善远景规划和推进路径，细化全球发展倡议各个领域的具体切入点，以各类国际合作平台为基础，坚持行动导向，以具体项目推进政策对话、经验分享、能力建设及各领域务实合作，巩固国际社会重视发展、共谋合作的势头。通过项目引领，主权国家与非国家行为体分享各自在优势领域的发展成果，共同应对粮食安全、减贫、能源安全、产业链供应链紊乱等突出问题，推进双边、区域和多边合作，营造有利于发展的国际环境，培育全球发展新动能，确保资金、技术、商品、产业、人才的跨国流动不受阻碍，"推动经济全球化朝着更加开放、包容、普惠、平衡、共赢的方向发展"。[①]

第二，分享发展知识与经验，实现共同发展。通过探索新的发展模式与合作模式，激励发达国家和非国家行为体参与全球发展倡议，分享发展知识和经验，加大对发展中国家的资源投入。利用现有的"全球发展和南南合作基金"和"中国—联合国和平与发展基金"等平台，帮助发展中国家抓住新一轮科技革命和产业变革的机遇，接入全球产业链的分工与合作之中，改变边缘和半边缘国家遭受剥削压迫的状况，构建更加平等均衡的全球发展伙伴关系。

第三，减少经贸分歧，消除风险点。一方面，在落实全球发展倡议的过程中，创造更多的发展机会和资源，让世界各国能够在经贸合作与发展中获益，防止世界各国陷入存量竞争，减少国家间以武力或武力威胁获取利益的冲动。另一方面，以自愿参与、多方共

---

① 习近平. 习近平谈治国理政：第三卷[M]. 北京：外文出版社，2020：46.

建、方式创新、开放透明为原则,在发展过程中推动国际经济秩序改革,"反对保护主义,反对'筑墙设垒'、'脱钩断链',反对单边制裁、极限施压",[①] 防止部分国家及非国家行为体利用国际经贸规则政治化、碎片化的风险威胁其他国家的经济发展和安全,从根本上缓解国际紧张态势,避免混合战争蔓延。

(二) 落实全球安全倡议应对冲突风险

一是避免技术滥用。新一轮科技革命和产业革命加快了科技发展的速度,人工智能、物联网、新材料、新能源、基因技术、脑机接口等技术接连取得突破。这三年(2021—2023 年)的冲突案例凸显了技术优势在混合战争中的决定性作用,导致上述技术成果被用于混合战争的风险加大。通过落实全球安全倡议,我们应提高国际社会对先进技术可能被滥用的认识和警觉性,由国际组织主导,制定和推动执行关于先进技术使用的国际规范和协议,鼓励各国政府、科研机构、企业等各方面进行更广泛、更深入的交流和合作,共享信息。在上海合作组织、金砖国家、亚洲相互协作与信任措施会议、"中国+中亚五国"、东亚合作相关机制等国际机制的基础上,以世界主要大国为主体,整合其他主权国家以及科技跨国公司、非政府组织等非国家行为体,构建以大国协调为核心的安全协调机制,拓宽沟通对话渠道,规范战争行为,防止在混合战争中无限制使用前沿技术。

二是防止冲突升级。与传统战争不同,混合战争是一个逐步升级过程。例如,俄罗斯在叙利亚的混合战争行动采用了夺取道义制

[①] 习近平. 高举中国特色社会主义伟大旗帜 为全面建设社会主义现代化国家而团结奋斗——在中国共产党第二十次全国代表大会上的报告 [M]. 北京:人民出版社,2022:61-62.

高点、扰乱他国视线、分化瓦解对手、煽动民众情绪、发动代理人战争5个阶段逐层递进的方法。① 所以，在难以完全避免混合战争发生的条件下，应通过落实全球安全倡议，积极参与国际和地区安全议题，探索中国特色热点问题解决之道。② 各国政府和非国家行为体密切合作，共享信息，建立有效的冲突解决机制，共同应对混合战争中可能出现的问题。在出现冲突的情况下，尽可能进行和平谈判，解决争端，将混合战争限制在危害较小的阶段，避免战争升级。

三是有效管控分歧。混合战争频发的根源在于各国和非国家行为体之间存在利益、安全、边界等不同方面的分歧。应通过落实全球安全倡议，"秉持共同、综合、合作、可持续的新安全观，摒弃冷战思维、零和博弈，以合作谋和平、以合作促安全，反对以一己之私挑起事端、激化矛盾"。③ 充分发挥联合国及其下属机构的作用，凝聚安全共识，以联合国为中心，构建大国对话机制、多边安全机制、全球安全性论坛、安全问题专门领域应对机制组成的"安全共享"治理体系，重视每个国家的合理安全关切，通过对话协商和平方式解决分歧和争端，统筹维护传统领域和非传统领域安全，减少因误解、资源不均等导致的分歧。

（三）落实全球文明倡议消除冲突根源

第一，建立文明对话交流机制。尊重和维护联合国的权威和地位，深化与联合国教科文组织、联合国文明联盟等机制的沟通和对

---

① Yimin Zhou. A Double–Edged Sword: Russia's Hybrid Warfare in Syria [J]. Asian Journal of Middle Eastern and Islamic Studies, 2019 (02): 252–253.
② 王明国. 国际社会对全球安全倡议的多重认知与中国的推进策略 [J]. 国际安全研究, 2023, 41 (03): 51.
③ 高祖贵. 变局与布局：新时代中国国际战略 [M]. 北京：红旗出版社，2024：174.

接，与各方共同推动落实联合国《不同文明对话全球议程》；[①] 升级教育系统，加入全球文明的概念和理念，通过公共讲座、研讨会、媒体和网络平台进行广泛传播，增强人们对全球文明价值的理解和接受；重视发挥双边和多边文明交流机制的作用，建立多元文化交流平台，如通过国际文化交流活动、国际会议等，使不同文化背景的人能有机会交流，理解和尊重其他文化，形成全球文明共识；建立全球文明评估和反馈机制，通过定期的评估和反馈，检查全球文明倡议的实施情况，不断调整和改进。

第二，创新文明对话交流形式。2022年11月，中国发布《携手构建网络空间命运共同体》白皮书，国际社会广泛认同和积极响应。通过建设各类网络平台，共同治理网络空间，推动网络空间互联互通、共享共治，人们可以跨越国界和文化，实现实时的互动和交流；通过在线教育和慕课（MOOC），提供跨文化交流和学习机会，人们可以在线了解各种文化遗产和艺术作品，更好地理解和认识不同的文明和文化，让互联网成为不同文明自我展示的窗口和文明交流互鉴的桥梁，而非混合战争的战场。

第三，推动构建人类命运共同体。全球文明倡议进一步丰富了人类命运共同体的理论内涵，为推动人类社会发展进程夯实了文化根基，为推动构建人类命运共同体开辟了新的文化路径。人类命运共同体不是以一种制度代替另一种制度，不是以一种文明代替另一种文明，而是不同社会制度、不同意识形态、不同历史文化、不同发展水平的国家在国际事务中利益共生、权利共享、责任共担，形成共建美好世界的最大公约数。当前，世界各国都逐渐感受到混合战争的威胁，表明混合战争日渐成为全球性问题。"人类面临的所有全球性问题，任何一国想单打独斗都无法解决，必须开展全球行动、

[①] 刘建超. 积极落实全球文明倡议 合力推动人类文明进步[J]. 求是，2023（07）.

全球应对、全球合作。"[1] 因此，彻底消除混合战争的威胁，满足世界各国人民追求幸福生活、促进经济繁荣和共同安全的美好愿望，就需要在构建人类命运共同体的基础上，凝聚各国人民的价值共识、汇聚各国人民的精神力量。

---

[1] 习近平. 让多边主义的火炬照亮人类前行之路——在世界经济论坛"达沃斯议程"对话会上的特别致辞 [N/OL]. 中国政府网, 2021-01-25. https://www.gov.cn/gongbao/content/2021/content_5585225.htm.

结　　论

　　近年来，国际社会频繁见证了混合战争的爆发和演变。2021年的巴以冲突、2022年的俄乌冲突以及2023年的巴以冲突，都是混合战争这一新型战争形态的典型表现。这些冲突表明，混合战争已经成为国家间冲突的常规选项，并在物理域、信息域和认知域同时展开。混合战争不仅改变了传统战争的样貌，也对全球政治、经济和安全形势产生了深远的影响。随着人工智能等新兴技术的发展，混合战争的形式和内涵也在不断演变。人工智能技术在战场上扮演着越来越重要的赋能者角色。自主性武器系统、智能化指挥控制系统、基于大数据分析的情报获取与处理能力等，都是人工智能在战争中应用的具体表现。这些技术的应用，使得战场的透明度大幅提高，同时也增加了战争的复杂性和不确定性。

　　混合战争的一个显著特点是其难以防御性。与传统战争相比，混合战争的攻击手段更加多样化、隐蔽性更强，往往使得防守方难以预见和应对。物理攻击、网络攻击和心理战相互交织，使得防御体系难以覆盖所有可能的威胁。尤其是在信息域和认知域，攻击往往是在无形中展开，防御方即便意识到威胁的存在，也难以迅速采取有效的反制措施。目前，多数对策建议主张通过"以混合战争规制混合战争"的方式来应对这一挑战。这种方法强调通过强化自身的混合战争能力来应对来自对手的混合战争威胁。这包括加强网络安全防御、提高社会对虚假信息的识别能力，以及增强公众的心理防线等。然而，这种方法虽然能够在短期内有效应对混合战争的威胁，但仍属于治标不治本的手段，无法从根本上解决问题。

因此，应当从国际冲突的根本入手，致力于消除冲突的根源，降低战争的爆发概率。在这一背景下，中国提出的三大全球倡议——全球发展倡议、全球安全倡议和全球文明倡议，提供了新的战略引领，为应对混合战争的威胁提供了新的思路。首先，全球发展倡议旨在通过推动共同发展，减少全球范围内的贫困和不平等现象，进而减少冲突的根源。历史经验表明，发展不足和资源争夺往往是引发冲突的重要原因。通过促进各国，尤其是发展中国家的经济增长和社会进步，可以在一定程度上减少战争爆发的可能性。其次，全球安全倡议强调普遍安全和共同安全的重要性，主张通过国际合作，有效管控分歧和矛盾。混合战争的一个重要特点是其跨越国家边界的特性，因此需要全球范围内的协调与合作，才能有效应对。通过建立更加公平和有效的国际安全机制，可以为防止和应对混合战争提供有力保障。最后，全球文明倡议倡导文明互鉴，旨在通过增进不同国家和民族之间的文化交流与理解，来增强政治互信，减少误解和对立。文明的冲突往往是战争的导火索之一，促进不同文明之间的对话和合作，可以减少冲突的可能性，从而为国际和平创造条件。三大全球倡议代表中国为国际社会的和平与发展贡献的中国智慧和中国方案。其不仅为完善全球治理体系提供了新思路，也为应对混合战争的挑战指明了方向。在全球化背景下，任何国家都难以独善其身，混合战争的威胁需要国际社会共同努力来应对。

未来，随着技术的不断发展，混合战争的形态也将持续演变。生成式人工智能、物联网、星链技术、脑机接口技术等新兴技术的发展，将进一步改变战争的面貌。这些技术不仅可能带来更为复杂和多样的攻击手段，也可能引发新的伦理和法律问题。例如，生成式人工智能可以用于大规模制造虚假信息，导致社会混乱；物联网设备的安全漏洞可能被利用，发起大规模网络攻击；星链技术则可能被用于全球范围内的监控和情报收集；脑机接口技术则可能直接影响人类的认知和决策能力。这些都将使未来的混合战争更加难以预测和防范。此外，各国的混合战争理论也各有侧重。有的国家可能更注重网络战和信息战，有的则可能更加关注心理战和认知战。因此，今后的混合战争研究需要更加全面和多元化，既要关注技术的前沿发展，也要研究不同国家的战略和战术差异。

综上所述，混合战争已经成为当代国际冲突的重要特征，并且随着新兴技术的不断发展，混合战争的形态和影响将继续演变。面对这一挑战，国际社会需要加强合作，以三大全球倡议为战略引领，推动全球和平与发展的进程。未来的混合战争研究也需要与时俱进，深入探索新的理论和实践路径，为维护国际安全和稳定作出贡献。

附录：相关国家和组织应对混合战争的政策文件（2005—2024年）

国家（组织）	时间	文件名称	主要内容
美国	2006年	《国防战略》	首次将不对称威胁、恐怖主义和网络威胁纳入国家防御的范畴
	2007年	《国家网络安全计划》	首次提出应对网络空间中的认知威胁
	2010年	《四年防务评估报告》	强调应对非传统与混合威胁的重要性
	2014年	《情报战略》	强调应对外部势力对美国认知空间的渗透
	2014年	《网络安全框架》	提出加强对网络攻击等混合战争手段的应对
	2017年	《国家安全战略》	强调应对特别是来自俄罗斯等大国的混合战争威胁
	2018年	《国防战略》	更加明确地指出混合战争的挑战，特别是在网络和认知领域，要防范敌方对公众认知的影响
	2021年	《国家网络安全战略》	进一步强调应对来自国家和非国家行为体的混合威胁，特别是认知战威胁
俄罗斯	2010年	《俄罗斯联邦军事学说》	首次提及混合战争手段，强调网络战和非对称战术
	2011年	《俄罗斯联邦信息安全学说》	首次提出"信息心理战"的概念
	2014年	《新一代战争理论》	详细描述了混合战争的概念，特别是信息战和心理战的重要性
	2015年	《信息安全学说》	详细阐述了如何应对信息战和网络战
	2016年	《俄罗斯联邦国家安全战略》	强调认知战的重要性，特别是通过认知战影响敌方的认知和决策
	2021年	《俄罗斯联邦国家安全战略》	强化了对混合战争的战略应对，特别是在信息和网络空间
	2021年	《俄罗斯联邦信息空间行动学说》	进一步加强对认知战的战略规划和实施

续表

国家(组织)	时间	文件名称	主要内容
以色列	2006 年	《国防白皮书》	提出应对来自非国家行为体的混合威胁
	2010 年	《信息战与认知战战略》	首次提出以色列应对认知战的战略
	2015 年	《国防战略》	详细探讨了混合战争中的认知战和网络战
	2017 年	《国家网络安全战略》	提出应对认知战的威胁,特别是网络空间中的认知战
	2018 年	《网络国防政策》	提出应对来自国家和恐怖主义组织的混合威胁
	2021 年	《信息战白皮书》	系统阐述了以色列应对认知战的策略和行动计划
印度	2009 年	《国防白皮书》	首次涉及混合战争概念
	2013 年	《国家网络安全政策》	提出应对混合战争中的网络威胁,保护信息环境和认知空间
	2017 年	《国家安全战略》	首次将认知战列为国家安全的主要威胁之一
	2018 年	《国防战略》	包含应对混合战争的战略手段
	2021 年	《国家网络安全战略》	分析日益复杂的混合战争威胁,并制定应对方案
	2021 年	《信息战与认知战白皮书》	制定了防御认知战的具体策略
日本	2013 年	《国家安全战略》	首次在国家战争战略中纳入混合战争的概念
	2015 年	《网络安全战略》	制定应对混合战争中的网络威胁的对策
	2018 年	《防卫计划大纲》	进一步明确混合战争威胁的具体类型,并详细讨论了认知战对日本社会的影响
	2022 年	《国防白皮书》	更新了应对混合战争的防御策略
北约	2010 年	《战略概念》	首次提出应对混合战争威胁
	2014 年	《威尔士峰会宣言》	详细讨论了混合战争威胁的来源、形式和影响
	2015 年	《北约网络防御政策》	将认知战与网络防御紧密结合,强调应对网络空间中的认知威胁
	2016 年	《华沙峰会公报》	确认混合战争为主要挑战之一
	2020 年	《北约认知战白皮书》	系统分析了认知战的威胁,并提出应对策略
	2022 年	《马德里峰会宣言》	再次强调混合战争的威胁,并制定了新的应对策略

续表

国家（组织）	时间	文件名称	主要内容
欧盟	2015年	《欧盟混合威胁应对框架》	提出协调成员国以共同应对混合威胁的议题
	2016年	《全球战略》	将混合威胁纳入欧盟安全政策的核心
	2016年	《欧盟反假新闻行动计划》	提出应对通过虚假信息进行的认知战
	2018年	《混合威胁应对行动计划》	制定了应对混合战争的具体措施
	2018年	《欧盟网络安全战略2018》	明确认知战的关键性，并提出防御措施
	2020年	《欧盟数字十年的网络安全战略》	进一步加强对混合战争中网络威胁的防范
	2020年	《欧洲民主行动计划》	进一步加大对外部认知战威胁的应对力度，保护欧盟内部信息环境
	2022年	《安全与防务战略指南针》	提供了应对混合威胁的详细战略指导

资料来源：笔者自制。

参考文献

一、中文文献

（一）著作

[1] 中共中央马克思恩格斯列宁斯大林著作编译局编译．马克思恩格斯全集［M］．北京：人民出版社，2006．

[2] 中共中央马克思恩格斯列宁斯大林著作编译局编译．马克思恩格斯选集［M］．北京：人民出版社，2012．

[3] 中共中央马克思恩格斯列宁斯大林著作编译局编译．列宁全集［M］．北京：人民出版社，2021．

[4] 毛泽东选集：第一至四卷［M］．北京：人民出版社，1991．

[5] 习近平．习近平谈治国理政［M］．北京：外文出版社，2014．

[6] 习近平．习近平谈治国理政：第二卷［M］．北京：外文出版社，2017．

[7] 习近平．习近平谈治国理政：第三卷［M］．北京：外文出版社，2020．

[8] 习近平．习近平谈治国理政：第四卷［M］．北京：外文出版社，2022．

[9] 习近平．高举中国特色社会主义伟大旗帜　为全面建设社

会主义现代化国家而团结奋斗——在中国共产党第二十次全国代表大会上的报告［M］．北京：人民出版社，2022.

［10］习近平．习近平著作选读：第一卷［M］．人民出版社，2023.

［11］习近平．习近平著作选读：第二卷［M］．人民出版社，2023.

［12］中共中央党史和文献研究院．习近平关于总体国家安全观论述摘编［M］．中央文献出版社，2018.

［13］中共中央宣传部，中央国家安全委员会办公室．总体国家安全学习纲要［M］．学习出版社、人民出版社，2022.

［14］中共中央党史和文献研究院．习近平关于防范风险挑战、应对突发事件论述摘编［M］．中央文献出版社，2023.

［15］蔡拓，杨雪冬，吴志成主编．全球治理概论［M］．北京：北京大学出版社，2016.

［16］高祖贵．变局与布局：新时代中国国际战略［M］．北京：红旗出版社，2024.

［17］刘海龙．宣传：观念、话语及其正当化［M］．北京：中国大百科全书出版社．2013.

［18］马建光．叙利亚战争启示录［M］．武汉：长江文艺出版社，2017.

［19］石海明，贾珍珍．人工智能颠覆未来战争［M］．北京：人民出版社，2019.

［20］王冠．让世界听懂中国［M］．北京：民主与建设出版社，2021.

［21］许方策．20年战争管窥——当代局部战争战例选析［M］．北京：军事科学出版社，1989.

［22］张培忠．军事理论概要［M］．北京：蓝天出版社，2006.

[23] 周晓虹. 现代社会心理学史 [M]. 北京：中国人民大学出版社, 1993.

[24] [德] 克劳塞维茨著, 中国人民解放军军事科学院译. 战争论：第一卷 [M]. 北京：商务印书馆, 1982.

[25] [美] 戴维·S. 兰德斯著, 门洪华, 安增才, 董素华等译. 国富国穷 [M]. 北京：新华出版社, 2010.

[26] [美] 戴维·伊斯顿著, 王浦劬主译. 政治生活的系统分析 [M]. 北京：人民出版社, 2012.

[27] [美] 哈伦·厄尔曼、[美] 唐姆士·韦德等著, 滕建群等译. 震慑与畏惧：迅速制敌之道 [M]. 新华出版社, 2003.

[28] [美] 哈罗德·D. 拉斯韦尔著, 张洁, 田青译. 世界大战中的宣传技巧 [M]. 北京：中国人民大学出版社, 2003.

[29] [美] 克里斯托弗·辛普森著, 王维佳, 刘扬, 李杰琼译. 胁迫之术：心理战与美国传播研究的兴起（1945—1960）[M]. 上海：华东师范大学出版社, 2017.

[30] [美] 肯尼思·华尔兹著, 信强译. 国际政治理论 [M]. 上海：上海人民出版社, 2003.

[31] [美] 雷·库兹韦尔著, 盛杨燕译. 奇点临近 [M]. 杭州：浙江人民出版社, 2016.

[32] [美] 马丁·福特著, 王吉美等译. 机器人时代 [M]. 北京：中信出版集团, 2015.

[33] [美] 佩德罗·多明戈斯著, 黄芳萍译. 终极算法机器学习和人工智能如何重塑世界 [M]. 北京：中信出版集团, 2017.

[34] [美] 塞缪尔·亨廷顿著, 周琪, 刘绯, 张立平, 王园译. 文明的冲突与世界秩序的重建 [M]. 北京：新华出版社, 2010.

[35] [美] 斯塔夫里阿诺斯著, 吴象婴, 梁赤民, 董书慧, 王昶译. 全球通史：从史前史到21世纪 [M]. 北京：北京大学出版

社，2006.

[36]［美］托马斯·弗里德曼著，何帆，肖莹莹，郝正非译. 世界是平的［M］. 长沙：湖南科学技术出版社，2007：117.

[37]［美］詹姆斯·亨德勒，［美］爱丽丝·穆维西尔著，王晓，王帅，王佼译. 社会机器：即将到来的人工智能、社会网络与人类的碰撞［M］. 北京：机械工业出版社，2017.

[38]［美］兹比格纽·布热津斯基著，中国国际问题研究所译. 大棋局——美国的首要地位及其地缘战略［M］. 上海：上海人民出版社，1998.

[39]［意］卢西亚诺·弗洛里迪著，王文革译. 第四次革命：人工智能如何重塑人类现实［M］. 杭州：浙江人民出版社，2016.

[40]［英］达雅·基山·屠苏著，胡春阳，姚朵仪译. 国际传播：沿袭与流变［M］. 上海：复旦大学出版社，2022.

[41]［英］赫克托·麦克唐纳著，刘清山译. 后真相时代［M］. 北京：民主与建设出版社，2019.

[42]［英］维克托·迈尔-舍恩伯格，肯尼斯·库克耶著，盛杨燕，周涛译. 大数据时代［M］. 杭州：浙江人民出版社，2013.

（二）期刊、报纸、网络文献

[1] 安洪若，高金虎，武洋. 总体国家安全观视阈下反情报转型问题研究［J］. 情报杂志，2024，43（07）.

[2] 柏坤，张伟. 浅析总体国家安全观对马克思主义基本原理的运用［J］. 当代世界，2019（06）.

[3] 毕洪业. 从危机到战争：俄罗斯本体安全与俄乌冲突［J］. 外交评论（外交学院学报），2022，39（02）.

[4] 部彦君，许开轶. 重塑与介入：人工智能技术对国际权力

结构的影响作用探析［J］．世界经济与政治论坛，2023（01）．

［5］蔡翠红，戴丽婷．人工智能影响复合战略稳定的作用路径：基于模型的考察［J］．国际安全研究，2022，40（03）．

［6］蔡翠红．社交媒体"算法认知战"与公共外交的新特点［J］．人民论坛，2022（13）．

［7］蔡润芳，刘雨娴．从"推特革命"到"WarTok"——社交媒体如何重塑现代战争［J］．探索与争鸣，2022（11）．

［8］曾润喜，秦维．人工智能生成内容的认知风险：形成机理与治理［J］．出版发行研究，2023（08）．

［9］曾向红，田嘉乐．"三大倡议"的内在联系及其世界意义［J］．教学与研究，2024（4）：88．

［10］陈琪，朱荣生．为何担心人工智能冲击国际安全［J］．人民论坛，2020（08）．

［11］陈翔．"混合战争"与俄乌冲突［J］．外交评论（外交学院学报），2023，40（02）．

［12］陈翔．美国"混合战争"战略的理论与实践［J］．国际论坛，2024，26（01）．

［13］陈宇飞，沈超，王骞，等．人工智能系统安全与隐私风险［J］．计算机研究与发展，2019，56（10）．

［14］成高帅，郭宇．"第一次人工智能战争？"［N］．中国国防报，2021 07－13，第04版．

［15］程运江，张程，赵日，等．人工智能的发展及其在未来战争中的影响与应用思考［J］．航空兵器，2019，26（01）．

［16］储昭根．从克里米亚入俄看破解南海困局之道——以美俄战略博弈的视角［J］．亚太安全与海洋研究，2021（01）．

［17］储召锋，朱鹏锦．俄乌冲突中的认知域对抗：手段、影响与启示［J］．俄罗斯东欧中亚研究，2024（03）．

[18] 崔铮, 尹金灿. 美国对华人工智能发展的认知偏差、威胁放大与政策选择——基于折中主义分析方法 [J]. 当代亚太, 2023 (06).

[19] 戴长征, 毛闰铎. 从安全困境、发展安全到总体国家安全观——当代国家安全理念的变迁与超越 [J]. 吉林大学社会科学学报, 2022, 62 (06).

[20] 董青岭, 朱玥. 人工智能时代的算法正义与秩序构建 [J]. 探索与争鸣, 2021 (03).

[21] 段君泽. 俄式"混合战争"实践及其影响 [J]. 现代国际关系, 2017 (03).

[22] 樊邦奎, 张瑞雨. 无人机系统与人工智能 [J]. 武汉大学学报 (信息科学版), 2017, 42 (11).

[23] 樊吉社. 美国对华决策: 机制调整与团队转换 [J]. 当代美国评论, 2021, 5 (04).

[24] 方师师. 社交媒体操纵的混合宣传模式研究 [J]. 现代传播 (中国传媒大学学报), 2018, 40 (10).

[25] 方兴东, 钟祥铭. 算法认知战: 俄乌冲突下舆论战的新范式 [J]. 传媒观察, 2022 (04).

[26] 方兴东. 全球社会信息传播变革趋势研判——从智能传播时代的算法认知战谈起 [J]. 人民论坛, 2022 (15).

[27] 方长平. 全球安全倡议与中国特色大国安全观 [N]. 中国社会科学报, 2023-11-02, 第 A07 版.

[28] 封帅. 人工智能时代的国际关系: 走向变革且不平等的世界 [J]. 外交评论 (外交学院学报), 2018 (01).

[29] 冯玉军, 陈宇. 大国竞逐新军事革命与国际安全体系的未来 [J]. 现代国际关系, 2018, (12).

[30] 冯玉军. 俄乌冲突的地区及全球影响 [J]. 外交评论

（外交学院学报），2022，39（06）．

[31] 傅莹．人工智能对国际关系的影响初析［J］．国际政治科学，2019，4（01）．

[32] 傅瑜，陈定定．人工智能在反恐活动中的应用、影响及风险［J］．国际展望，2018，10（04）．

[33] 以色列军方：本轮冲突已袭击加沙地带约5000个哈马斯目标［N/OL］．光明网，2023-10-18．https：//baijiahao．baidu．com/s？id=1780046695323510306&wfr=spider&for=pc．

[34] 郭泽林，陈琪．人工智能技术发展对国际政治格局的影响［J］．人民论坛·学术前沿，2020（12）．

[35] 韩爱勇．大国地缘政治竞争的新嬗变——以混合战争和灰色地带为例［J］．教学与研究，2022（02）．

[36] 韩冰．总体国家安全观的传承超越与独创性贡献［J］．东岳论丛，2021，42（09）．

[37] 韩克敌．俄罗斯在乌克兰的"混合战争"［J］．战略决策研究，2021，12（06）．

[38] 韩立群．对总体国家安全观中"总体"和"领域"辩证关系的思考［J］．国家安全研究，2023（03）．

[39] 韩娜，董小宇．数字时代的认知域安全：理论解构、风险生成及治理路径［J］．国际安全研究，2024，42（03）．

[40] 何杰，孙啸宇，郑睿，等．人工智能应用于军事的伦理问题［J］．科技导报，2024，42（04）．

[41] 何绍溟，王江，宋韬，等．人工智能技术在武器中的应用综述［J］．飞航导弹，2021（07）．

[42] 何焰．金融全球化与国际金融法——兼论中国金融法治之因应［J］．世界经济与政治，2003（09）．

[43] 和晓强．建国以来"国家安全观"的历史演进特征分析

[J]. 情报杂志, 2020, 39 (02).

[44] 和音. 持续推进全球发展倡议走深走实 [N]. 人民日报, 2023 - 07 - 11, 第 02 版.

[45] 和音. 坚定弘扬全人类共同价值 [N]. 人民日报, 2024 - 01 - 11, 第 04 版.

[46] 和音. 以落实三大全球倡议为战略引领——推动世界走向和平、安全、繁荣、进步的光明前景 [N]. 人民日报, 2024 - 01 - 17, 第 15 版.

[47] 洪晓楠, 刘媛媛. 人工智能时代网络意识形态安全建设的发展契机、潜在风险与调适进路 [J]. 思想教育研究, 2022 (10).

[48] 侯霞. 俄罗斯在乌克兰危机中的情报支援 [J]. 情报杂志, 2021, 40 (02).

[49] 胡惠林. 以总体国家安全观塑造国家文化安全新格局——马克思主义国家文化安全理论与实践的中国化 [J]. 福建论坛 (人文社会科学版), 2022 (10).

[50] 胡欣. 从俄乌冲突"活剧"窥探战争形式变化 [J]. 世界知识, 2022 (10).

[51] 黄大慧. 思想、制度、战略: 从三个维度理解总体国家安全观的创新性 [J]. 教学与研究, 2024 (07).

[52] 黄日涵, 高恩泽. "小院高墙": 拜登政府的科技竞争战略 [J]. 外交评论 (外交学院学报), 2022, 39 (02).

[53] 黄志澄. 高超声速武器及其对未来战争的影响 [J]. 战术导弹技术, 2018 (03).

[54] 黄忠. 人工智能与未来十年的国际关系 [J]. 当代世界与社会主义, 2019 (06).

[55] 贾珍珍, 刘杨钺. 总体国家安全观视域下的算法安全与治理 [J]. 理论与改革, 2021 (02).

［56］贾子方，王栋．人工智能技术对战争形态的影响及其战略意义［J］．国际政治研究，2020，41（06）．

［57］姜毅．保守主义与"修正主义"——金融危机后俄罗斯的西方国家政策［J］．世界经济与政治，2019（01）．

［58］姜宇星，王曰芬，范丽鹏，等．人工智能研究前沿识别与分析：基于主要国家（地区）对比研究视角［J］．情报理论与实践，2019，42（9）．

［59］蒋蕊韩，吴艳东．美西方构筑"价值观联盟"的动因、表现及中国应对［J］．国外理论动态，2023（06）．

［60］雷鸿竹，曾志敏，熊帅．人工智能武器的全球发展、治理风险及对中国的启示［J］．电子政务，2019（11）．

［61］李贝雷．人工智能嵌入国家安全的应用场景、潜在风险及其应对策略研究［J］．情报杂志，2023，42（04）．

［62］李本先．混合战争中的情报保障研究［J］．情报杂志，2024，43（05）．

［63］李恒阳．美国人工智能战略探析［J］．美国研究，2020，34（04）．

［64］李厚羿．马克思"精神生产"概念的当代辨析［J］．哲学研究，2023（04）．

［65］李龙，马路遥，苗丽娜．争夺场域的转移：俄乌冲突中的第五维空间舆论战［J］．传媒观察，2022（09）．

［66］李猛．人类命运共同体视角下人工智能风险全球治理的国际法规制路径探究［J］．宁夏社会科学，2024（02）．

［67］李寿平．自主武器系统国际法律规制的完善和发展［J］．法学评论，2021，39（01）．

［68］李晓寅．社交媒体战背景下的认知危机研究［J］．传媒，2024（05）．

［69］李岩．从俄乌冲突看非国家行为体的作用与影响［J］．现代国际关系，2022（04）．

［70］以军在加沙南部展开攻势 迫使流离失所者再次逃难［N/OL］．联合早报，2023 – 12 – 06．https：//www.zaobao.com.sg/realtime/world/story20231206 – 1454397．

［71］梁晓波．认知作战能力域外观察［J］．人民论坛·学术前沿，2023（11）．

［72］林东．多域战争：战争冲突形态从传统军事对抗向"军事 +"对抗转变［J］．人民论坛·学术前沿，2021（10）．

［73］林克勤，曾静平．认知战略传播：关涉题域、核心诉求与实践范式［J］．西安交通大学学报（社会科学版），2023，43（05）．

［74］林斯娴．21世纪"混合战争"场景下国际舆论博弈剖析及启示——兼评乌克兰危机期间美西方对俄国际舆论战［J］．和平与发展，2024（03）．

［75］林斯娴．乌克兰危机下美西方与俄罗斯的舆论战及其启示［J］．国际问题研究，2023（04）．

［76］凌胜利，杨帆．新中国70年国家安全观的演变：认知、内涵与应对［J］．国际安全研究，2019，37（06）．

［77］凌燊，陈星语．俄军在叙利亚战争中的情报支援［J］．情报杂志，2022，41（09）．

［78］刘传平，徐鹏．美西方民间开源情报实践及对官方情报部门的影响——以俄乌冲突为例［J］．情报杂志，2024，43（04）．

［79］刘国柱，尹楠楠．美国国家安全认知的新视阈：人工智能与国家安全［J］．国际安全研究，2020，38（02）．

［80］刘国柱．深度伪造与国家安全：基于总体国家安全观的视角［J］．国际安全研究，2022，40（03）．

［81］刘鸿宇，苗芳艳，彭拾，等．人工智能伦理研究的知识图

谱分析［J］．情报杂志，2019，38（07）．

［82］刘华，王冬，殷萍．总体国家安全观视域下全球安全治理的中国路径［J］．国家安全研究，2023（04）．

［83］刘建超．积极落实全球文明倡议 合力推动人类文明进步［J］．求是，2023（7）．

［84］刘军．社交媒体对俄乌冲突的影响分析［J］．人民论坛，2022（13）．

［85］刘禄波．面向未来战争的智能化情报体系构想［J］．中国电子科学研究院学报，2022，17（12）．

［86］刘麦笛，李际超，杨志伟，等．基于多层网络的混合战争体系建模方法［J］．系统工程与电子技术，2024（01）．

［87］刘胜湘，唐探奇．安全不可分割：理论内涵与实现路径——兼论全球安全倡议［J］．国际安全研究，2023，41（05）．

［88］刘胜湘，张楠．总体国家安全观与中国东南多边安全机制［J］．华中师范大学学报（人文社会科学版），2015，54（06）．

［89］刘新，曾立．总体国家安全观视域下新兴领域战略能力建设研究［J］．科学管理研究，2023，41（06）．

［90］刘艳峰．国家海外安全治理论析：基于总体国家安全观视角［J］．太平洋学报，2023，31（05）．

［91］刘怡静，李华莹．混合作战模型验证问题研究［J］．中国电子科学研究院学报，2020，15（03）．

［92］龙坤，徐能武．人工智能军事应用的国际安全风险与治理路径［J］．国际展望，2022，14（05）．

［93］陆巍，周睿平，常一心．基于社交媒体的俄乌冲突认知对抗：原因、特点与启示［J］．情报杂志，2023，42（05）．

［94］陆忠伟．2023年各国谋安全促发展纵横［J］．国家安全研究，2023（06）．

[95] 马建光,李元斌. "混合战争"及其特点:俄罗斯学者视角的解析[J]. 俄罗斯东欧中亚研究,2020(05).

[96] 马晓霖,杨府鑫. 哈马斯混合战争视角下的以色列国家安全漏洞探析[J]. 国家安全研究,2023(06).

[97] 马治国,徐济宽. 人工智能发展的潜在风险及法律防控监管[J]. 北京工业大学学报(社会科学版),2018,18(06).

[98] 满振良,马海群. 总体国家安全观下平台经济的信息规制[J]. 情报杂志,2021,40(10).

[99] 哈马斯突袭以色列五大关键要点[N/OL]. 美国之音,2023-10-08. https://www.voachinese.com/a/five-thing-to-know-about-hamas-attack-20231007/7301208.html.

[100] 门洪华,徐博雅. 美国认知域战略布局与大国博弈[J]. 现代国际关系,2022(06).

[101] 孟巾力. 浅析毛泽东军事思想与《孙子兵法》"知战"思想的联系[J]. 军事历史,2009(06).

[102] 孟蒙,段多多,宋联江. 中国共产党领导人民军队认知制胜的历史经验[J]. 政工学刊,2022(09).

[103] 欧阳洛奇. 欧盟安全议程中的"混合威胁"问题[J]. 国际论坛,2023,25(03).

[104] 平健,刘凤霞. 整体性治理视域下总体国家安全观的系统逻辑——一个三层分析框架[J]. 行政与法,2024(03).

[105] 秦浩. 美国政府人工智能战略目标、举措及经验分析[J]. 中国电子科学研究院学报,2021,16(12).

[106] 阙天舒,张纪腾. 人工智能时代背景下的国家安全治理:应用范式、风险识别与路径选择[J]. 国际安全研究,2020,38(01).

[107] 邵永灵. 混合战争:21世纪的战争新形态[N/OL]. 光

明网，2019-10-25. https：//junshi. gmw. cn/2019-10/25/content_33264698. htm.

［108］沈志渔，罗仲伟. 经济全球化对国际产业分工的影响［J］. 新视野，2006（06）.

［109］石峰，李彦泽，邵雷. 社交媒体舆论操纵者识别的数据挖掘算法及实证分析——以国际大型赛事为例［J］. 情报杂志，2023，42（06）.

［110］石俊杰. 人类命运共同体理念下的"总体国家安全观"研究——对西方国际安全观的超越［J］. 重庆大学学报（社会科学版），2020（06）.

［111］苏崇阳，王晓捷，王钰茹. 俄罗斯军事人工智能发展与应用初探［J］. 国防科技，2023，44（03）.

［112］孙海泳. 美国人工智能军事化的发展态势、风险与应对路径［J］. 国际论坛，2022（02）.

［113］孙瑞英，马海群. 总体国家安全观视域下中国特色的国家情报工作安全体系构建研究［J］. 情报资料工作，2019，40（01）.

［114］谈民宪. 非关税壁垒：理论与现实的沿革和变迁［J］. 当代经济科学，2006，28（5）.

［115］唐家林，费建华. 叙事策略视域下日本的认知域战力构建研究［J］. 情报杂志，2024（03）.

［116］汪明敏. 美西方情报披露武器化的动因分析［J］. 情报杂志，2024，43（07）.

［117］王宏伟. 总体国家安全观视角下公共危机管理模式的变革［J］. 行政论坛，2018，25（04）.

［118］王宏伟. 总体国家安全观指导下的国家安全系统性风险及其治理［J］. 现代国际关系，2017（11）.

［119］王雷. 调整与完善，继承与创新——论建国以来中国国

家安全观的演进［J］．当代世界与社会主义，2014（06）．

［120］王磊．美国对华人工智能战略竞争的逻辑［J］．国际观察，2021（02）．

［121］王莉．人工智能在军事领域的渗透与应用思考［J］．科技导报，2017（15）．

［122］王明国．国际社会对全球安全倡议的多重认知与中国的推进策略［J］．国际安全研究，2023（03）．

［123］王天尧，吴素彬．人工智能在军事情报工作中的应用现状、特点及启示［J］．飞航导弹，2020（04）．

［124］王悠，陈定定．迈向进攻性现实主义世界？——人工智能时代的国际关系［J］．当代世界，2018（10）．

［125］文谦，张为华，武泽平，等．人工智能对导弹武器装备发展及未来战争影响［J］．弹箭与制导学报，2021，41（02）．

［126］吴非，李旋．后全球化时代虚假信息成为西方国家"认知战"的主要呈现手段［J］．中国广播电视学刊，2022（12）．

［127］武琼．美国人工智能反恐：路径、动因与挑战［J］．新疆社会科学，2022（03）．

［128］武琼．乌克兰危机中网络空间对抗的影响及启示［J］．俄罗斯东欧中亚研究，2023（03）．

［129］武琼．以色列人工智能军事化的新进展及其影响［J］．阿拉伯世界研究，2023（03）．

［130］武晓龙，夏良斌，刘峰．美国人工智能军事化研究和进展分析［J］．飞航导弹，2020（04）．

［131］习近平．让多边主义的火炬照亮人类前行之路——在世界经济论坛"达沃斯议程"对话会上的特别致辞［N/OL］．中国政府网，2021-01-25．https：//www.gov.cn/gongbao/content/2021/content_5585225.htm．

[132] 习近平. 携手同行现代化之路——在中国共产党与世界政党高层对话会上的主旨讲话［N/OL］. 中国政府网，2023-03-15. https://www.gov.cn/gongbao/content/2023/content_5748638.htm.

[133] 习近平. 新发展阶段贯彻新发展理念必然要求构建新发展格局［J］. 求是，2022（17）.

[134] 高祖贵. 世界百年未有之大变局的丰富内涵［N］. 学习时报，2019-01-21，第A01版.

[135] 鲜勇，李扬. 人工智能技术对未来空战武器的变革与展望［J］. 航空兵器，2019，26（05）.

[136] 巴以新一轮冲突已造成双方逾400人死亡［N/OL］. 新华社，2023-10-08. http://www.news.cn/2023-10/08/c_1129903582.htm.

[137] 美滥用保护主义对华加征关税 政治操弄反噬其身［N/OL］. 新华社，2024-05-15. http://www.news.cn/world/20240515/89e6a6764f114284a6977d4d17b865d1/c.html.

[138] 习近平会见美国国务卿布林肯［N/OL］. 新华社，2023-06-19. http://big5.news.cn/gate/big5/www.news.cn/world/2023-06/19/c_1129706035.htm.

[139] 新闻背景：乌克兰局势发展时间线［N/OL］. 新华社，2022-02-22. http://www.news.cn/world/2022-02/22/c_1128406953.htm.

[140] 以色列国防军：24小时内摧毁12名哈马斯指挥官住所［EB/OL］. 新华网，2021-05-19. https://www.xinhuanet.com/mil/2021-05/19/c_1211161467.htm.

[141] 中国共产党第二十届中央委员会第三次全体会议公报［EB/OL］. 新华社，2024-07-18. http://www.news.cn/politics/leaders/20240718/a41ada3016874e358d5064bba05eba98/c.html.

［142］中国—中亚峰会成果清单［N/OL］. 新华社，2023-05-19. https://baijiahao.baidu.com/s?id=1766316427120839813.

［143］邢丽菊. 全球文明倡议的理论内涵及时代意蕴［J］. 现代国际关系，2023（7）.

［144］徐能武，龙坤. 联合国CCW框架下致命性自主武器系统军控辩争的焦点与趋势［J］. 国际安全研究，2019，37（05）.

［145］徐舒悦，高飞. 乌克兰危机背景下"混合战争"理论与实践评析［J］. 和平与发展，2023（04）.

［146］徐英瑾. 技术与正义：未来战争中的人工智能［J］. 人民论坛·学术前沿，2016（07）.

［147］许华. 乌克兰危机中的美俄混合战：演化、场景与镜鉴［J］. 俄罗斯学刊，2022，12（04）.

［148］严展宇，刘文龙. 认知域国际竞争：问题缘起、行动维度与安全逻辑［J］. 东北亚论坛，2024，33（04）.

［149］阎国华，何珍. 网络空间"认知战"的生发背景、主要形式与应对之策［J］. 情报杂志，2022，41（12）.

［150］杨辰. 论国家安全视阈下的人工智能军事应用风险与治理——以俄乌冲突为例［J］. 国际论坛，2023，25（02）.

［151］杨国立，李品. 总体国家安全观背景下情报工作的深化［J］. 情报杂志，2018，37（05）.

［152］杨佳会，朱超磊，许佳. 俄乌冲突中的无人机运用［J］. 战术导弹技术，2022（03）.

［153］叶成城，王浩. 拜登政府价值观联盟战略初探［J］. 现代国际关系，2021（09）.

［154］殷东豪，叶建军. 情报对抗中的认知塑造：实践运用与能力需求［J］. 情报杂志，2023，42（11）.

［155］于淑杰. 俄罗斯新版国家安全战略评析［J］. 俄罗斯东

欧中亚研究，2022（01）.

[156] 于铁军. 全球安全倡议：总体国家安全观在国际安全领域的呈现和延展［J］. 教学与研究，2024（07）.

[157] 余潇枫，王梦婷. "全球安全倡议"：人类安全的"前景图"［J］. 国际安全研究，2023，41（01）.

[158] 俞新天. 西方对华认知战的威胁与中国民间外交的提升［J］. 国际问题研究，2022（06）.

[159] 喻国明，郭婧一. 从"舆论战"到"认知战"：认知争夺的理论定义与实践范式［J］. 传媒观察，2022（08）.

[160] 喻国明，刘彧晗. 从信息竞争到认知竞争：策略性传播范式全新转型——基于元传播视角的研究［J］. 现代传播（中国传媒大学学报），2023，45（02）.

[161] 张东冬. 人工智能军事化与全球战略稳定［J］. 国际展望，2022，14（05）.

[162] 张帆. 以公开披露情报为武器——乌克兰危机期间拜登政府对情报的另类使用及其战略逻辑［J］. 美国研究，2022，36（05）.

[163] 张海波. 中国总体国家安全观下的安全治理与应急管理［J］. 中国行政管理，2016（04）.

[164] 张洪忠，徐鸿晟. 智能传播时代的范式转变：媒介技术研究十大观点（2023）［J］. 编辑之友，2024（01）.

[165] 张煌，杜雁芸. 俄美军用人工智能竞争的战略稳定风险及其治理路径［J］. 俄罗斯研究，2022（06）.

[166] 张煌，杜雁芸. 人工智能军事化发展态势及其安全影响［J］. 外交评论（外交学院学报），2022，39（03）.

[167] 张景全，巩浩宇，周帝言. 美国同盟体系认知战战略及其实践［J］. 现代国际关系，2023（04）.

[168] 张景全, 罗华婷. 拜登政府对华围堵复合联盟战略及中国应对 [J]. 东北亚论坛, 2022 (06).

[169] 张琳, 赵佳伟. 中国共产党国家安全观的百年演进与现实启示 [J]. 学习与探索, 2021 (12).

[170] 张清敏, 潘丽君. 类比、认知与毛泽东的对外政策 [J]. 世界经济与政治, 2010 (11).

[171] 张秋波, 唐超. 总体国家安全观指导下情报学发展研究 [J]. 情报杂志, 2015, 34 (12).

[172] 张亚雄, 杨舒. 我国积极推进全球科技交流合作 [N]. 光明日报, 2022 - 11 - 19, 第 06 版.

[173] 张洋溢, 李宗璞, 刘一凡, 等. 混合战争背景下的低成本无人机作战运用研究 [J]. 飞航导弹, 2021 (09).

[174] 张智敏, 石飞飞, 万月亮, 等. 人工智能在军事对抗中的应用进展 [J]. 工程科学学报, 2020, 42 (09).

[175] 赵国柱, 陈祎璠. 俄乌冲突中人工智能技术应用典型场景研究 [J]. 战术导弹技术, 2022 (06).

[176] 赵懿黑. 大国竞争背景下美国对华的"混合战争"威胁 [J]. 国际关系研究, 2021 (05).

[177] 郑安光. 20 世纪 80 年代美苏关于艾滋病溯源问题的认知战 [J]. 世界历史, 2023 (02).

[178] 中国国际发展知识中心. 全球发展倡议落实进展报告 2023 [R]. 2023.

[179] 普京：将批准新版俄罗斯人工智能发展战略 [EB/OL]. 中国新闻网, 2023 - 11 - 25. https：//www.chinanews.com.cn/gj/2023/11 - 25/10117699.shtml.

[180] 全球数据安全倡议（全文）[EB/OL]. 中国政府网, 2020 - 09 - 08. https：//www.gov.cn/xinwen/2020 - 09/08/content_

5541579. htm.

[181] 中华人民共和国教育部. 中国教育国际影响力不断增强——党的十八大以来教育国际合作交流发展纪实 [EB/OL]. 2022-09-23. https://hudong.moe.gov.cn/jyb_xwfb/xw_zt/moe_357/jjyzt_2022/2022_zt09/13gjjl/202209/t20220923_663987.html.

[182] 中华人民共和国科学技术部. 国际科技合作倡议 [EB/OL]. 2023-11-07. https://www.most.gov.cn/kjbgz/202311/t20231107_188728.html.

[183] 中华人民共和国外交部. 全球安全倡议概念文件 [EB/OL]. 2023-02-21. http://newyork.fmprc.gov.cn/web/ziliao_674904/1179_674909/202302/t20230221_11028322.shtml?eqid=bf327f330007c7490000000066492b2ef.

[184] 中华人民共和国文化和旅游部. 旅游合作民相亲 文化交流心相通——党的十八大以来旅游业高质量发展系列报道之六 [EB/OL]. 2022-10-14. https://www.mct.gov.cn/preview/special/xy20d/9676/202210/t20221014_936459.htm.

[185] 钟开斌. 中国国家安全观的历史演进与战略选择 [J]. 中国软科学, 2018 (10).

[186] 钟祥铭, 方兴东. 算法认知战背后的战争规则之变与AI军备竞赛的警示 [J]. 全球传媒学刊, 2022, 9 (05).

[187] 周嘉昕. "全球化""反全球化""逆全球化"概念再考察 [J] 南京社会科学, 2024, (04).

[188] 周京艳, 李楠欣, 张惠娜, 等. 混合战争背景下的情报工作展望 [J]. 情报理论与实践, 2020, 43 (10).

[189] 周琪, 付随鑫. 中美国家安全观的分析与比较 [J]. 当代世界与社会主义, 2014 (06).

[190] 周庆安, 朱虹旭. 难以想象的共同体: 全球数字空间的

身份认同重构［J］. 新闻与写作, 2023（6）.

［191］周尚君, 曹庭. 总体国家安全观视角下的权利限制——从反恐怖主义角度切入［J］. 法制与社会发展, 2018, 24（03）.

［192］朱婧. 激活、共鸣与合意：情绪、情感在认知竞争中的作用［J］. 青年记者, 2023（22）.

［193］朱泉钢. 中东地区无人机的扩散、应用及其安全影响［J］. 西亚非洲, 2022（5）.

［194］卓振伟, 武斌. 俄罗斯与非洲的军事合作：混合战争的视角［J］. 西亚非洲, 2023（02）.

［195］斯维特兰娜·伊戈列夫娜·科达涅娃, 张广翔, 苏宁. 混合战争：概念、内容与对策［J］. 思想理论战线, 2023（4）.

二、英文文献

（一）著作

［1］Borshchevskaya. Putin's War in Syria：Russian Foreign Policy and the Price of America's Absence［M］. London：I. B. Tauris, 2020.

［2］Alexander Wendt. Social Theory of International Politics［M］. Cambridge：Cambridge University Press, 1999.

［3］Andrei P. Tsygankov. Russia and the West from Alexander to Putin：Honor in International Relations［M］. Cambridge University Press, 2022.

［4］Barry Buzan, Lene Hansen. The Evolution of International Security Studies［M］. Cambridge：Cambridge University Press, 2009.

［5］Borgeaud dit Avocat, Arta Haxhixhemajli Michael Andruch.

New Technologies, Future Conflicts, and Arms Control [M]. Prague: Center for Security Analyses and Prevention, 2021.

[6] Brian A. Thompson. Rules of Engagement in Hybrid Warfare Integrated into Operational Design [M]. Biblioscholar, 2012.

[7] Charles Tilly. Coercion, Capital, and European States, A. D. 990-1992 [M]. Hoboken: Wiley-Blackwell, 1992.

[8] Dave Dilegge. Iranian and Hezbollah: Hybrid Warfare Activities [M]. Bloomington: iUniverse, 2016.

[9] Edward Kolodziej. Security and International Relations [M]. Cambridge: Cambridge University Press, 2005.

[10] Eric Schmidt, Jared Cohen. The New Digital Age: Reshaping the Future of People, Nations and Business [M]. London: John Murray, 2013.

[11] Frank G. Hoffman. Conflict in the 21st Century: The Rise of Hybrid Wars [M]. Arlington & Virginia: Potomac Institute for Policy Studies, 2007.

[12] Georgios Giannopoulos, et al. The Landscape of Hybrid Threats: A Conceptual Model [M]. Luxembourg: Publications Office of the European Union, 2021.

[13] Graham Allison. Destined for War: Can America and China Escape Thucydides's Trap? [M]. Boston: Houghton Mifflin Harcourt, 2017.

[14] Gregory C. Allen, Taniel Chan. Artificial Intelligence and National Security [M]. Cambridge: Harvard University, 2017.

[15] Hans J. Morgenthau. Politics Among Nations: The Struggle for Power and Peace [M]. New York: Alfred A. Knopf, 1948.

[16] Jerry Kaplan. Artificial Intelligence: What Everyone Needs to

Know [M]. Oxford, UK: Oxford University Press, 2016.

[17] Kenneth N. Waltz. Theory of International Politics [M]. Boston: Addison – Wesley, 1979.

[18] Konstantin Sivkov. Future Trends in Hybrid Warfare [M]. Moscow: Military Academy Press, 2019.

[19] Luciano Floridi. The Philosophy of Information [M]. New York: Oxford University Press, 2011.

[20] Makhmout Gareev. The Theory of Future Wars [M]. Moscow: Advanced Military Publications, 2016.

[21] Max Tegmark. Life 3.0: Being Human in the Age of Artificial Intelligence [M]. New York: Vintage Books, 2017.

[22] Nicholas J. Cull. The Cold War and the United States Information Agency American Propaganda and Public Diplomacy [M]. Cambridge: Cambridge University Press, 2008.

[23] Nick Bostrom. Superintelligence: Paths, Dangers, and Strategies [M]. Oxford: Oxford University Press, 2014.

[24] Ofer Fridman. Russian Hybrid Warfare: Resurgence and Politicisation [M]. Oxford University Press, 2018.

[25] P. Lin, et al. (eds.). Robot Ethics: The Ethical and Social Implications of Robotics [M]. Cambridge: The MIT Press, 2012.

[26] Paul Scharre. Army of None: Autonomous Weapons and the Future of War [M]. New York: W. W. Norton & Company, 2018.

[27] Pedro Domingos. The Master Algorithm: How the Quest for the Ultimate Learning Machine Will Remake Our World [M]. New York: Basic Books Press, 2015.

[28] Peter W. Singer and Emerson T. Brooking. Like War: The Weaponisation of Social Media [M]. HMH Edition, 2018.

[29] Richard G. Lipsey, Kenneth I. Carlaw, Cliffford T. Bekar. Economic Transformations: General Purpose Technologies and Long Term Economic Growth [M]. New York: Oxford University Press, 2006.

[30] Robert Jervis. Perception and Misperception in International Politics [M]. Princeton: Princeton University Press, 1976.

[31] S. C. Woolley, P. N. Howard. Computational Propaganda: Political Parties, Politicians, and Political Manipulation on Social Media [M]. New York: Oxford University Press, 2018.

[32] Samuel Kaplan. Humans Need Not Apply: A Guide to Wealth and Work in the Age of Artificial Intelligence [M]. New Haven: Yale University Press, 2015.

[33] Samuel P. Huntington. The Clash of Civilizations and the Remaking of World Order [M]. New York: Simon & Schuster, 1996.

[34] Thomas Hobbes. Leviathan [M]. Oxford: Oxford Paperbacks, 1998.

[35] Thomas X. Hammes. The Sling and the Stone: On War in the 21st Century [M]. Minneapolis: Zenith Press, 2004.

[36] Ulric Neisser. Cognitive Psychology [M]. New York: Psychology Press, 2014.

[37] W. Wallach, C. Allen. Moral Machines: Teaching Robots Right from Wrong [M]. Oxford: Oxford University Press, 2010.

[38] Williamson Murray, Peter R. Mansoor, eds. Hybrid Warfare: Fighting Complex Opponents from the Ancient World to the Present [M]. Cambridge: Cambridge University Press, 2012.

(二) 期刊、报纸、网络文献

[1] 117th United States Congress. James M. Inhofe National Defense Authorization Act for Fiscal Year 2023 [EB/OL]. 2022 – 12 – 02. https：//www. congress. gov/117/plaws/publ263/PLAW117publ263. pdf.

[2] 2022 National Defense Strategy of US [R]. 2022 – 10 – 27.

[3] B. Gran, P. Booth, T. Bucher. To Be or Not to Be Algorithm Aware: A Question of a New Digital Divide? [J]. Information, Communication & Society, 2021, 24 (12).

[4] AI and Disinformation in the Russia – Ukraine War [EB/OL]. Tech Target, 2022 – 03 – 14. https：//www. techtarget. com/searchenterpriseai/feature/AI – and – disinformation – in – the – Russia – Ukraine – war.

[5] Alexander Bartosh. Comprehensive Strike Strategy in Hybrid Warfare [J]. Russian Military Thought, 2017.

[6] Alexander Dugin. Hybrid Warfare and the Fourth Political Theory [J]. Geopolitica Journal, 2014.

[7] Alexander Lanoszka. Disinformation in International Politics [J]. European Journal of International Security, 2019, 04 (02).

[8] Alexander Lanoszka. Russian Hybrid Warfare and Extended Deterrence in Eastern Europe [J]. International Affairs, 2016, 92 (01).

[9] Alina Polyakova. The Kremlin's Plot against Democracy: How Russia Updated Its 2016 Playbook for 2020 [J]. Foreign Affairs, 2020, 99 (05).

[10] Alonso Bernal, Cameron Carter, Ishpreet Singh, Kathy Cao. Cognitive Warfare: An Attack on Truth and Thought [EB/OL]. 2021 –

03 – 24. https：//www. innovationhub – act. org/sites/default/files/2021 – 03/Cognitive%20Warfare. pdf.

[11] Amy McCullough. DOD's Artificial Intelligence Efforts Gain Momentum as US, Allies, and Partners Look to Counter China [EB/OL]. Air Force Magazine, 2021 – 07 – 13. https：//www. airforcemag. com/dods – artificialintelligence – efforts – gain – momentum – as – us – allies – and – partners – look – to – counter – china/.

[12] Amy McCullough. Swarms：Why They're the Future of Warfare [J]. Air Force, 2019, 102 (03).

[13] Ana Cristina Alves, Alexandra Arkhangelskaya, Vladimir Shubin, Russia and Angola：The Rebirth of a Strategic Partnership? [J]. SAIIA Occasional Paper No. 154, 2013.

[14] Andrea Gilli, Mauro Gilli. The Diffusion of Drone Warfare? Industrial, Organizational and Infrastructural Constraints [J]. Security Studies, 2016, 25 (01).

[15] Andrei Manoilo. Hybrid Warfare and Russia's Psychological Operations [J]. Strategic Analysis Journal, 2015.

[16] Andrew Krepinevich. The Eroding Balance of Terror：The Decline of Deterrence [J]. Foreign Affairs, 2018, 97 (02).

[17] Andrew S. Bowen. Coercive Diplomacy and the Donbas：Explaining Russian Strategy in Eastern Ukraine [J]. Journal of Strategic Studies, 2019, 42 (3 – 4).

[18] Anna Matveeva. Russia's Power Projection after the Ukraine Crisis [J]. Europe – Asia Studies, 2018, 70 (05).

[19] Anthony H. Cordesman. Preliminary Lesson of Israeli – Hezbollah War [J]. Center for Strategic and International Studies, 2006 – 08 – 17.

［20］Anthony H. Cordesman. Russia and the "Color Revolution": A Russian Military View of a World Destabilized by the US and the West ［R］. CSIS Reports, 2014.

［21］Anti-Defamation League. One Month Following Hamas Massacre, ADL Documents Dramatic Surge in Antisemitic Incidents in the U. S ［N/OL］. 2023－11－11. https：//www. adl. org/resources/press－release/one－month－following－hamas－massacre－adl－documents－dramatic－surge－antisemitic.

［22］Arash Heydarian Pashakhanlou. AI, Autonomy, and Airpower: The End of Pilots? ［J］. Defence Studies, 2019, 19 (04).

［23］Arif Khan. The Tech Oligopoly: Disrupt the Disruption ［EB/OL］. The Diplomatic Courier, 2019－05－14. https：//www. diplomaticourier. com/posts/the－tech－oligopoly－disrupt－the－disruption.

［24］Bastian Giegerich. Hybrid Warfare and the Changing Character of Conflict ［J］. Connections, 2016, 15 (02).

［25］BBC News. Gaza－Israel Conflict in Pictures: 11 Days of Destruction ［N/OL］. 2021－05－21. https：//www. bbc. com/news/world－middle－east－57205968#.

［26］BBC News. Timeline of Ukraine Crisis: What Happened and When? ［N/OL］. 2014－11－13. https：//www. bbc. com/news/world－middle－east－26248275.

［27］Ben Norton. Behind NATO's "Cognitive Warfare": "Battle for Your Brain" Waged by Western Militaries ［EB/OL］. 2021－10－13. https：//mronline. org/2021/10/13/behind－natos－cognitive－warfare－battle－for－your－brain－waged－by－western－militaries/.

［28］Brad Allenby. Emerging Technologies and the Future of

Humanity [J]. Bulletin of the Atomic Scientists, 2015, 71 (06).

[29] Timberg, D. Harwell. Social Media Fuels New Type of "Fog of War" in Ukraine Conflict [N/OL]. The Washington Post, 2022-02-04. https://www.washingtonpost.com/technology/2022/02/24/ukraine-russia-war-twitter-social-media/.

[30] Cayley Clifford, Steven Gruzd. Russian and African Media: Exercising Soft Power [J]. Policy Insights, 2022 (125).

[31] CBinsights. The Race for AI: Google, Intel, Apple in a Rush to Grab Artificial Intelligence Startups [N/OL]. 2018-02-18. https://www.cbinsights.com/research/top-acquirers-ai-startups-ma-timeline/.

[32] Charles C. Krulak. The Strategic Corporal: Leadership in the Three Block War [J]. Marine Corps Gazette, 1999, 83 (01).

[33] CHIPS and Science Act 2022 [EB]. 2022.

[34] Christina la Cour. Theorising Digital Disinformation in International Relations [J]. International Politics, 2020, 57 (11).

[35] Christopher Caldwell. The War in Ukraine May Be Impossible to Stop. And the U.S. Deserves Much of the Blame [N/OL]. The New York Times, 2022-05-31. https://www.nytimes.com/2022/05/31/opinion/us-ukraine-putin-war.html.

[36] Christopher S. Chivvis. Understanding Russian "Hybrid Warfare" and What Can be Done about It [EB/OL]. 2017-03-22. https://www.rand.org/content/dam/rand/pubs/testimonies/CT400/CT468/RAND_CT468.pdf.

[37] Cisco. 2021 Cybersecurity Threat Report [R]. 2021.

[38] Claire Wardle, Hossein Derakhshan. Information Disorder: Toward an Interdisciplinary Framework for Research and Policy Making

[R]. Council of Europe Report, September 2017.

[39] Col. Mirosław Banasik. Russia's Hybrid War in Theory and Practice [J]. Journal on Baltic Security, 2016, 2 (01).

[40] Colin S. Gray. Irregular Warfare: One Nature, Many Characters [J]. Strategic Studies Quarterly, 2007, 1 (02).

[41] J. Smith. The Real Story Behind Russia's Invasion of Ukraine [J]. The Atlantic, 2014 – 03 – 04.

[42] Daniel Fiott. America First, Third Offset Second? [J]. The RUSI Journal, 2018, 163 (4).

[43] Daniel S. Hall. America Must Engage in the Fight for Strategic Cognitive Terrain [J]. Joint Force Quarterly, 2023 (108).

[44] Darrell West, John Allen. How Artificial Intelligence Is Transforming the World [EB/OL]. Brookings, 2018 – 04 – 24. https://www.brookings.edu/research/how – artificial – intelligence – is – transforming – the – world/.

[45] Databank [EB/OL]. The World Bank. https://data.worldbank.org.cn/indicator.

[46] David Hambling. Drone Swarms Are Getting Too Fast for Humans to Fight, U. S. General Warns [EB/OL]. Forbes, 2021 – 01 – 27. https://www.forbes.com/sites/davidhambling/2021/01/27/drone – swarms – aregetting – too – fast – for – humans – too – fight – us – general – warns/? sh = 7ced412372c9.

[47] David Hastings Dunn. Drones: Disembodied Aerial Warfare and the Unarticulated Threat [J]. International Affairs, 2013, 89 (05).

[48] David Tier. What Mix of Brigade Combat Teams Should the US Army Field? [J]. Small Wars and Insurgencies, 2016, 27 (03).

[49] Department of Defense. Summary of the 2018 National Defense Strategy of the United States of America: Sharpening the American Military's Competitive Edge [R]. Washington D. C. 2018.

[50] Donald Stoker, Craig Whiteside. Gray – Zone Conflict and Hybrid War – Two Failures of American Strategic Thinking [J]. Naval War College Review, 2020, 73 (01).

[51] Barak. Hybrid Warfare and Israel's Strategic Doctrine [J]. Institute for National Security Studies (INSS), 2021.

[52] Edda Humprecht. Where "Fake News" Flourishes: A Comparison across Four Western Democracies [J]. Information, Communication and Society, 2019, 22 (13).

[53] Edward Geist, Andrew J. Lohn. How Might Artificial Intelligence Affect the Risk of Nuclear War? [J]. RAND Corporation, 2018.

[54] Eitvydas Bajarūnas. Addressing Hybrid Threats: Priorities for the EU in 2020 and Beyond [J]. European View, 2020, 19 (01).

[55] Eliot A. Cohen. Why Can't the West Admit That Ukraine Is Winning? [N/OL]. The Atlantic, 2022 – 03 – 21. https://www.theatlantic.com/ideas/archive/2022/03/ukraine – is – winning – war – russia/627121/.

[56] Elise Giuliano. Who Supported Separatism in Donbas? Ethnicity and Popular Opinion at the Start of the Ukraine Crisis [J]. Post – Soviet Affairs, 2018, 34 (2 –3).

[57] Elsa B. Kania. Artificial Intelligence in China's Revolution in Military Affairs [J]. Journal of Strategic Studies, 2021, 44 (33).

[58] Emma Ashford. The Saudi – Iranian Cold War [EB/OL]. ISS Forum, 2018 – 02 – 20. https://www.cato.org/publications/commentary/saudi – iranian – cold – war.

[59] Erik Lin-Greenberg. Allies and Artificial Intelligence: Obstacles to Operations and DecisionMaking [J]. Texas National Security Review, 2020, 3 (02).

[60] European Commission. Capacity Building and Training Plan [J]. July 2021.

[61] European Commission. EU Cybersecurity Strategy [R]. December 2020.

[62] European Commission. EU INTCEN Integration Report [R]. April 2020.

[63] European Commission. EU Security Union Strategy [R]. July 2020.

[64] European Commission. Joint Communication on an Action Plan against Disinformation [EB/OL]. 2018-12-05. https://www.eeas.europa.eu/sites/default/files/action_plan_against_disinformation.pdf.

[65] European Commission. Joint Framework on Countering Hybrid Threats-A European Union Response [R]. 2016-04-06. https://eur-lex.europa.eu/legal-content/EN/TXT/?uri=CELEX%3A52016JC0018.

[66] European Commission. Sanctions Policy and Measures Guide [R]. March 2021.

[67] European External Action Service. A Strategic Compass for Security and Defence [R]. March 2022.

[68] European External Action Service. Shared Vision, Common Action: A Stronger Europe: A Global Strategy for the European Union's Foreign and Security Policy [R]. June 2016.

[69] Ewan Lawson. We Need to Talk about Hybrid [J]. The RUSI Journal, 2021, 166 (03).

[70] Executive Office of the President, National Science and Technology Council, Committee on Technology. Preparing for the Future of Artificial Intelligence [R]. October 2016.

[71] Financial Times. China Leads the Way on Global Standards for 5G and beyond [N/OL]. 2020 - 08 - 05. https://www.ft.com/content/858d81bd - c42c - 404d - b30d - 0be32a097f1c.

[72] Financial Times. Economic Impact of Sanctions on Russia [N/OL]. 2014 - 03 - 09. https://www.ft.com/content/06f4a8a6 - a737 - 11e3 - b29c - 00144feab7de.

[73] FireEye. APT Threat Report [R]. 2020.

[74] Flemming Splidsboel Hansen. When Russia Wages War in the Cognitive Domain [J]. The Journal of Slavic Military Studies, 2021, 34 (02).

[75] Francis G. Hoffman. Will War's Nature Change in the Seventh Military Revolution? [J]. The US Army War College Quarterly, 2017, 47 (04).

[76] Francois du Cluzel. Cognitive Warfare [EB/OL]. 2021 - 01 - 22. https://www.innovationhubact.org/sites/default/files/2021 - 01/20210122_CW%20Final.pdf.

[77] Frank G. Hoffman. Conflict in the 21st Century: The Rise of Hybrid War [J]. Potomac Institute for Policy Studies, December 2007.

[78] Frank G. Hoffman. Examining Complex Forms of Conflict: Gray Zone and Hybrid Challenges [J]. Prism, 2018, 07 (04).

[79] Frank G. Hoffman. Hybrid Warfare and Challenges [J]. Joint Forces Quarterly, 2009 (01).

[80] Frank G. Hoffman. The Evolution of Hybrid Warfare and Key Challenges [J]. Small Wars Journal, 2016.

[81] Franklin D. Kramer, Hans Binnendijk, Dan Hamilton. Defend the Arteries of Society: Countries Need New Strategies to Protect Critical Networks and Infrastructure [N/OL]. U. S. News, 2015-06-09. https://www.usnews.com/opinion/blogs/world-report/2015/06/09/russiaukraine-and-the-rise-of-hybrid-warfare.

[82] Fredrik Westerlund, Johan Norberg. Military Means for Non-Military Measures: The Russian Approach to the Use of Armed Force as Seen in Ukraine [J]. The Journal of Slavic Military Studies, 2016, 29 (04).

[83] Gjorgji Veljovski, Nenad Taneski, Metodija Dojchinovski. The Danger of "Hybrid Warfare" from a Sophisticated Adversary: The Russian "Hybridity" in the Ukrainian Conflict [J]. Defense and Security Analysis, 2017, 33 (04).

[84] Gregory Allen, Taniel Chan. Artificial Intelligence and National Security [EB/OL]. The Belfer Center Study, 2017-07-24. https://statewatch.org/news/2017/jul/usa-belfer-center-national-securityand-ai-report.pdf.

[85] Guilong Yan. The Impact of Artificial Intelligence on Hybrid Warfare [J]. Small Wars and Insurgencies, 2020, 31 (04).

[86] Hal Brands. America's War for Global Order Is a Marathon [EB/OL]. Foreign Policy, 2022-01-25. https://foreignpolicy.com/2022/01/25/americas-war-for-global-order-is-a-marathon/.

[87] Hervé Le Guyader. Weaponization of Neuroscience [J]. NATO Innovation Hub, 2020-05-12.

[88] How Much Money Has the US Given Ukraine since Russia's Invasion? [N/OL]. USA Facts, 2024-03-07. https://usafacts.org/articles/how-much-money-has-the-us-given-ukraine-

since – russias – invasion/.

[89] Ikram ul – Majeed Sehgal. Hybrid Warfare [J]. Defence Journal, 2018, 22 (03).

[90] IMF. World Economic Outlook [R]. 2022.

[91] IMF. World Economic Outlook [R]. 2024.

[92] Industrialized Disinformation: 2020 Global Inventory of Organized Social Media Manipulation [EB/OL]. Oxford Internet Institute, 2021 – 01 – 13. https://demtech.oii.ox.ac.uk/research/posts/industrialized – disin – formation/.

[93] Institute for Strategic Studies (ISS). NATO and the Future of Collective Defense [R]. ISS Report, 2024.

[94] International Crisis Group. The Ukraine Conflict: What You Need to Know [EB/OL]. 2014 – 03 – 22. https://www.crisisgroup.org/europe – central – asia/eastern – europe/ukraine/ukraine – conflict – what – you – need – know.

[95] International Data Corporation. Global Economic Impact of Cyber Attacks [R]. 2020.

[96] International Federation of Robotics (IFR). World Robotics Report 2022 [R/OL]. 2023 – 09 – 26. https://ifr.org/worldrobotics.

[97] Israel Defense Forces. Operational Concept for Hybrid Warfare [J]. Official IDF Doctrine Document, 2020.

[98] ITU. ICT Facts and Figures 2023 [EB/OL]. 2023. https://www.itu.int/itu – d/reports/statistics/facts – figures – 2023/index/.

[99] ITU. Measuring Digital Development: Facts and figures [R]. 2020.

[100] J. Kahn. A. I. Is on the Front Lines of the War in Ukraine [EB/OL]. Fortune. 2022 – 03 – 01. https://fortune.com/2022/03/

01/russia-ukraineinvasion-war-a-i-artificial-intelligence/.

[101] James Johnson. Artificial Intelligence & Future Warfare: Implications for International Security [J]. Defense & Security Analysis, 2019, 35 (02).

[102] James K. Wither. Making Sense of Hybrid Warfare [J]. Connections, 2016, 15 (02).

[103] James N. Mattis, Frank G. Hoffman. Future Warfare: The Rise of Hybrid Wars [J]. Proceedings 131, 2005 (11).

[104] Jan Almang. War, Vagueness and Hybrid War [J]. Defence Studies, 2019, 19 (02).

[105] Jane Wakefield. Deepfake Presidents Used in Russia-Ukraine War [N/OL]. BBC, 2022-03-18. https://www.bbc.com/news/technology-60780142.

[106] Janis Berzins. Russia's New Generation Warfare in Ukraine: Implications for Latvian Defense Policy. Policy Paper, 2014 (02).

[107] Janna Anderson, Lee Rainie, Alex Luchsinger. Artificial Intelligence and the Future of Humans [EB/OL]. Pew Research Center, 2018-12-10. https://www.pewinternet.org/2018/12/10/concerns-about-human-agency-evolution-and-survival/.

[108] Javier Jordan. International Competition Below the Threshold of War: Towards a Theory of Gray Zone Conflict [J]. Journal of Strategic Security, 2020, 14 (01).

[109] Jeffrey Mankoff. Russia's War on Ukraine: A Historical Perspective [R/OL]. Council on Foreign Relations, 2022. https://www.cfr.org/report/russias-war-ukraine-historical-perspective.

[110] Jochen Kruppa. Risk Estimation and Risk Prediction Using Machine-Learning Methods [J]. Human Genetics, 2012, 131 (10).

[111] John Herz. The Security Dilemma in International Relations: Background and Present Problems [J]. International Relations, 2003, 17 (04).

[112] John Hudson, Kostiantyn Khudov. The War in Ukraine is Spurring a Revolution in Drone Warfare Using AI [N/OL]. The Washington Post, 2023 – 07 – 26. https://www.washingtonpost.com/world/2023/07/26/drones – ai – ukraine – war – innovation.

[113] Johns Hopkins University and Imperial College. Countering Cognitive Warfare: Awareness and Resilience. London [EB/OL]. 2021 – 05 – 20. https://www.nato.int/docu/review/articles/2021/05/20/countering – cognitive – warfare – awareness – and – resilience/index.html.

[114] Jon Russell. China's Sense Time, the World's Highest – Valued AI Startup, Closes $620M Follow – on Round [N/OL]. TechCrunch.com, 2018 – 05 – 30. https://techcrunch.com/2018/05/30/even – more – money – for – senstime – ai – china.

[115] Josef Schroefl, Stuart J. Kaufman. Hybrid Actors, Tactical Variety: Rethinking Asymmetric and Hybrid War [J]. Studies in Conflict and Terrorism, 2014, 37 (10).

[116] Joseph Clark. Defense Officials Report Progress on Replicator Initiative [N/OL]. DOD News, 2023 – 12 – 01. https://www.defense.gov/News/News – Stories/Article/Article/3604459/defense – officials – report – progress – on – replicator – initiative/.

[117] Joseph L. Votel, et al. Unconventional Warfare in the Gray Zone [J]. Joint Forces Quarterly, 2016, 80 (01).

[118] K. Booth. International Relations: The Story So Far [J]. International Relations, 2019, 33 (02).

[119] Kareem Ayoub, Kenneth Payne. Strategy in the Age of

Artificial Intelligence [J]. Journal of Strategic Studies, 2016, 39 (06).

[120] Kaspersky Lab. Ransomware Attacks Report [R]. 2020.

[121] Katarzyna Zysk. Defence Innovation and the 4th Industrial Revolution in Russia [J]. Journal of Strategic Studies, 2021, 44 (04).

[122] Katrina Manson. US Has Already Lost AI Fight to China, Says ex–Pentagon Software Chief [N/OL]. Financial Times, 2021-10-10. https://www.ft.com/content/f939db9a-40af-4bd1-b67d-10492535f8e0.

[123] Kenneth Payne. Artificial Intelligence: A Revolution in Strategic Affairs? [J]. Survival, 2018, 60 (05).

[124] Kenneth Waltz. Realist Thought and Neorealist Theory [J]. Journal of International Affairs, 1990, 44 (01).

[125] Kimberly Marten. Russia's Back in Africa: Is the Cold War Returning [J]. The Washington Quarterly, 2019, 42 (04).

[126] Kobi Michael. A Model of Hybrid Warfare: The Israeli Experience [J]. Journal of Strategic Studies, 2018.

[127] Koichiro Takagi. The Future of China's Cognitive Warfare: Lessons from the War in Ukraine [N]. War on the Rocks, 2022-07-07. https://warontherocks.com/2022/07/the-future-of-chinas-cognitive-warfare-lessons-from-the-war-in-ukraine/.

[128] L. Doroshenko, J. Lukito. Trollfare: Russia's Disinformation Campaign during Military Conflict in Ukraine [J]. International Journal of Communication, 2021 (15).

[129] Larry Lewis. Resolving the Battle over Artificial Intelligence in War [J]. RUSI Journal, 2019, 164 (5-6).

[130] Lars-Erik Cederman and Nils Weidmann. Predicting Armed Conflict: Time to Adjust Our Expectations? [J]. Science, 2017, 355

(6324).

[131] Lina Khatib. The West Is Still Missing a Strategy in Syria [EB/OL]. Chatham House, 2018-04-17. https://www.chathamhouse.org/expert/comment/west-still-missing-strategy-syria.

[132] Liu Xuan, Zhang Li. Decades of Exchange Produce Finest Fruit [N/OL]. China Daily, July 5, 2021-07-05. https://www.chinadaily.com.cn/a/202107/05/WS60e26599a310efa1bd65fb07_5.html.

[133] W. Liu, W. T. Woo. Understanding the U.S.-China Trade War [J]. China Economic Journal, 2018, 11 (03).

[134] Loren Thompson. The Biggest Military Tech Opportunity of the Biden Years Isn't a Weapon, It's a Network [N/OL]. Forbes, 2021-08-24. https://www.forbes.com/sites/lorenthompson/2021/08/24/the-biggest-military-tech-opportunity-of-the-biden-years-isnt-a-weapon-its-a-network/?sh=15216d20b6.

[135] Lucy Suchman. Algorithmic Warfare and the Reinvention of Accuracy [J]. Critical Studies on Security, 2020, 8 (2).

[136] Lyon D. Liquid. Surveillance: The Contribution of Zygmunt Bauman to Surveillance Studies [J]. International Political Sociology, 2010, 40 (4).

[137] M. Beaudreau, D. Patrikarakos. War in 140 Characters: How Social Media is Reshaping Conflict in the Twenty-First Century [J]. Naval War College Review, 2019, 72 (04).

[138] M. I. Jordan, T. M. Mitchell. Machine Learning: Trends, Perspectives, and Prospects [J]. Science, 2015, 349 (6245).

[139] M. N. Katz. Putin's Foreign Policy toward Syria [J]. Middle East Journal, 2019, 73 (02).

[140] Margaret S. Bond. Hybrid War: A New Paradigm for Stability

Operations in Failing States [J]. U. S. Army War College, 2007 - 03 - 30.

[141] Maria Repnikova. The Balance of Soft Power: The American and Chinese Quests to Win Hearts and Minds [J]. Foreign Affairs, July/August 2022.

[142] Martin Neil Baily, Douglas J. Elliott. The Role of Finance in the Economy: Implications for Structural Reform of the Financial Sector [J]. The Brookings Institution, 2013.

[143] Mary Cummings. Artificial Intelligence and the Future of Warfare [EB/OL]. Chatham House, 2017 - 01 - 26. https://www.chathamhouse.org/publication/artificial - intelligence - and - future - warfare.

[144] Maxime Lebrun. Anticipating Cognitive Intrusions: Framing the Phenomenon [J]. Hybrid CoE Strategic Analysis 33, 2023.

[145] Michael C. Horowitz, Lauren Kahn. How Joe Biden Can Use Confidence - Building Measures for Military Uses of AI [J]. Bulletin of the Atomic Scientists, 2012, 77 (01).

[146] Michael C. Horowitz, Gregory C. Allen, Edoardo Saravalle, etc. Artificial Intelligence and International Security [J]. Center for a New American Security, 2018.

[147] Michael Horowitz. Artificial Intelligence, International Competition, and the Balance of Power [J]. Texas National Security Review, 2018, 1 (03).

[148] Michael Mayer. The New Killer Drones: Understanding the Strategic Implications of Next - Generation Unmanned Combat Aerial Vehicles [J]. International Affairs, 2015, 91 (04).

[149] Michael McFaul. Ukraine Imports Democracy: External

Influences on the Orange Revolution [J]. International Security, 2007, 32 (02).

[150] Michail Ploumis. Comprehending and Countering Hybrid Warfare Strategies by Utilizing the Principles of Sun Tzu [J]. Journal of Balkan and Near Eastern Studies, 2022, 24 (02).

[151] Michèle A. Flournoy. America's Military Risks Losing Its Edge [J]. Foreign Affairs, 2021, 100 (03).

[152] Middle East Monitor. Tensions Continue to Escalate in Jerusalem and the West Bank [H/OL]. 2024 – 05 – 26. https://www.middleeastmonitor.com/20240526 – scores – of – illegal – israeli – settlers – storm – jerusalems – al – aqsa – mosque/.

[153] Mikael Wigell. Hybrid Interference as a Wedge Strategy: A Theory of External Interference in Liberal Democracy [J]. International Affairs, 2019, 95 (02).

[154] Mike Ananny, Kate Crawford. Seeing without Knowing: Limitations of the Transparency Ideal and Its Application to Algorithmic Accountability [J]. New Media & Society, 2016, 20 (03).

[155] Murat Caliskan. Hybrid Warfare through the Lens of Strategic Theory [J]. Defense and Security Analysis, 2019, 35 (01).

[156] N. Couldry, U. Mejias. A Data Colonialism: Rethinking Big Data's Relation to Cotemporary Subject [J]. Television & New Mcidia, 2019, 20 (04).

[157] National Security Agency. Global Cyber Threat Report 2021 [R]. NSA Publications, 2021.

[158] National Security Commission on Artificial Intelligence, 2020 Interim Report and Third Quarter Recommendations [R]. 2020.

[159] NATO. Countering the Hybrid Threat [J]. NATO Review,

2016.

［160］NATO. NATO 2030: United for a New Era – Analysis and Recommendations of the Reflection Group Appointed by the NATO Secretary General［R］. 2021.

［161］NATO. NATO's Response to Hybrid Threats［J］. NATO Review, 2015.

［162］NATO. Operational 2040: How NATO Will Compete in the Future［R］. NATO Strategic Command, 2023.

［163］NATO. Wales Summit Declaration［EB/OL］. 2024 – 01 – 04. https://www.nato.int/cps/en/natohq/official_texts_112964.htm.

［164］Nicolas Mazzucchi. AI – Based Technologies in Hybrid Conflict: The Future of Influence Operations［J］. Hybrid CoE, 2022 (14).

［165］OECD. Long – Term Baseline Projections［R/OL］. 2023. https://stats.oecd.org/viewhtml.aspx? datasetcode = EO114_LTB&lang = en.

［166］P. Dave, J. Dastin. Exclusive: Ukraine has Started Using Clearview AI's Facial Recognition during War［EB/OL］. Reuters, 2022 – 03 – 13. https://www.reuters.com/technology/exclusive – ukraine – has – started – using – clearview – ais – facial – recognition – during – war – 2022 – 03 – 13/.

［167］Patrick Johnston, Anoop Sarbahi. The Impact of US Drone Strikes on Terrorism in Pakistan and Afghanistan［J］. International Studies Quarterly, 2016, 60 (02).

［168］Paul B. Rich. The Snowball Phenomenon: The US Marine Corps, Military Mythology and the Spread of Hybrid Warfare Theory［J］. Defense and Security Analysis, 2019, 35 (04).

[169] Paul Ottewell. Defining the Cognitive Domain [EB/OL]. 2020 – 12 – 07. https：//othjournal.com/2020/12/07/defining – the – cognitive – domain/.

[170] Pavel Sharikov. Artificial Intelligence, Cyberattack, and Nuclear Weapons： A Dangerous Combination [J]. Bulletin of the Atomic Scientists, 2018, 74 (06).

[171] Philip Remler. Ukraine, Protracted Conflicts and the OSCE [J]. Security and Human Rights, 2015 (26).

[172] Pieter Balacaen, Cind Du Bois, Caroline Buts. A Game Theoretic Analysis of Hybrid Threats [J]. Defence and Peace Economics, 2022, 33 (01).

[173] POLITICO. How Hackers Piled onto the Israeli – Hamas Conflict [N/OL]. 2023 – 20 – 15. https：//www.politico.com/news/2023/10/15/hackers – israel – hamas – war – 00121593.

[174] Rand Waltzman, etc. Maintaining the Competitive Advantage in Artificial Intelligence and Machine Learning [EB/OL]. RAND Corporation, 2020. https：//www.rand.org/content/dam/rand/pubs/research _ reports/RRA200/RRA200 – 1/RAND_RRA200 – 1.pdf.

[175] Remco Zwetsloot, Allan Dafoe. Thinking about Risks from AI： Accidents, Misuse and Structure [EB/OL]. LawFare, 2019 – 02 – 11. https：//www.lawfareblog.com/thinking – about – risks – ai – accidentsmisuse – and – structure.

[176] Reuters. U.S. Blacklists Chinese Chipmaker SMIC [N/OL]. 2020 – 12 – 19. https：//www.reuters.com/article/us – usa – china – sanctions – exclusive/exclusive – u – s – to – blacklist – dozens – of – chinese – firms – including – smic – sources – say – idUSKBN28S0HL/.

[177] Robert Chesney, Danielle Citron. Deepfakes and the New

Disinformation War: The Coming Age of Post‐Truth Geopolitics [J]. Foreign Affairs, 2019, 98 (01).

[178] Robert Johnson. Hybrid War and Its Countermeasures: A Critique of the Literature [J]. Small Wars and Insurgencies, 2018, 29 (01).

[179] Robert M. Gates. A Balanced Strategy [J]. Foreign Affairs, 2009 (01).

[180] Roger Brownsword. Technological Management and the Rule of Law [J]. Law, Innovation and Technology, 2016, 8 (01).

[181] S. G. Chekinov, S. A. Bogdanov. The Nature and Content of a New‐Generation War [J]. Military Thought, 2013 (04).

[182] Samuel Bendett. Here's How the Russian Military Is Organizing to Develop AI [N/OL]. Defense One, 2018‐06‐20. https://www.defenseone.com/ideas/2018/07/russian‐militarys‐ai‐development‐roadmap/149900/.

[183] Sandra Kalniete, Tomass Pildegovičs. Strengthening the EU's Resilience to Hybrid Threats [J]. European View, 2020, 20 (01).

[184] Satoru Mori. US Defense Innovation and Artificial Intelligence [J]. Asia‐Pacific Review, 2018, 25 (02).

[185] Sean Monaghan. Deterring Hybrid Threats: Towards a Fifth Wave of Deterrence Theory and Practice [J]. The European Centre of Excellence for Countering Hybrid Threats, 2022.

[186] Select Committee on Artificial Intelligence of the National Science & Technology Council, The National Artificial Intelligence Research and Development Strategic Plan: 2019 Update [R]. 2019.

[187] Sergei G. Chekinov, Sergei A. Bogdanov. The Nature and Content of a New‐Generation War [J]. Military Thought, 2013 (04).

[188] Sergey Golubev. Modern Hybrid Warfare: Theory and Practice [J]. Journal of Military and Strategic Studies, 2016.

[189] Sergey Levine, Peter Pastor, Alex Krizhevsky, Deirdre Quillen. Learning Hand – Eye Coordination for Robotic Grasping with Deep Learning and Large – Scale Data Collection [J]. International Journal of Robotics Research, 2017, 37 (4 – 5).

[190] Seth J. Frantzman. Rafael Anticipates Iron Beam Laser System Could Deploy in Two Years [N/OL]. Defense News, 2022 – 10 – 08. https://www.defensenews.com/industry/2022/10/07/rafael – anticipates – iron – beam – laser – system – could – deploy – in – two – years.

[191] Seth J. Frantzman. Syria: The Largest (and Most Important) Conflict of the 21st Century [EB/OL]. The National Interest, 2018 – 04 – 16. http://nationalinterest.org/feature/syria – the – largest – most – important – conflict – the – 21st – century – 25406.

[192] Soroush Vosoughi, Deb Roy, Sinan Aral. The Spread of True and False News Online [J]. Science, 2018, 359 (6380).

[193] Stephanie Petrella, Chris Miller, Benjamin Cooper. Russia's Artificial Intelligence Strategy: The Role of State – Owned Firms [J]. Journal of Orbis, 2021, 65 (04).

[194] Stockholm International Peace Research Institute (SIPRI). Hybrid Warfare: New Threats, Complexity, and Resilience [R]. 2021.

[195] Stuart E. Green. Cognitive warfare [D]. Naval Postgraduate School, Monterey, CA, 2008.

[196] T. Striphias. Algorithmic Culture [J]. European Jounal of Cutural Sudies, 2015, 18 (4 – 5).

[197] Tatyana Malyarenko, Stefan Wolff. The Logic of Competitive

Influenceseeking: Russia, Ukraine, and the Conflict in Donbas [J]. Post-Soviet Affairs, 2018, 34 (04).

[198] Teemu Saressalo, Aki-Mauri Huhtinen. The Information Blitzkrieg— "Hybrid" Operations Azov Style [J]. The Journal of Slavic Military Studies, 2018, 31 (04).

[199] Tereza Němeková, Lea Melnikovová, Natalia Piskunova. Russia's Return to Africa: A Comparative Study of Egypt, Algeria and Morocco [J]. The Journal of Modern African Studies, 2021, 51 (03).

[200] The Economist. The Crimea Crisis: A Comprehensive Analysis [N/OL]. 2014-03-15. https://www.economist.com/europe/2014/03/15/the-crimea-crisis.

[201] The Economist. The Impact of the Trade War on Global Trade [N/OL]. 2019-05-30. https://www.economist.com/finance-and-economics/2019/05/30/how-the-us-china-trade-war-is-affecting-global-trade.

[202] The Economist. Turkey's ＄2bn Arms Deal with Russia Faces Hurdles, and Possible Sanctions [N/OL]. 2017-11-30. https://www.economist.com/news/europe/21731832-vladimir-putin-wants-create-rift-within-nato-does-he-really-want-hand-russian.

[203] The JC. Hamas Casualty Numbers are "Statistically Impossible" Says Data Science Professor [N/OL]. 2024-03-08. https://www.thejc.com/news/world/hamas-casualty-numbers-are-statistically-impossible-says-data-science-professor-rc0tzedc.

[204] The New York Times. Concerns Grow for Hospital Patients and Sheltering Civilians [N/OL]. 2023-11-10. https://www.nytimes.com/live/2023/11/10/world/israel-hamas-war-gaza-news.

[205] The Role of AI in the Russia – Ukraine War [EB/OL]. 2022 – 04 – 22. https://www.wnycstudios.org/podcasts/bl/segments/role – ai – russia – ukraine – war.

[206] The Washington Post. Crimea's Self – Defense Forces and the Annexation [N/OL]. 2014 – 03 – 07. https://www.washingtonpost.com/world/europe/crimeas – self – defense – forces – and – the – annexation/2014/03/07/20f77a1c – a96d – 11e3 – 9f37 – 7ce307c56815_story.html.

[207] The White House Office of Science and Technology Policy. Summary of the 2018 White House Summit on Artificial Intelligence for American Industry [EB/OL]. 2018 – 05 – 05. https://www.whitehouse.gov/wpcontent/uploads/2018/05/Summary – Report – of – White – House – AI – Summit.pdf.

[208] The World Bank. World Development Report 2023: Migrants, Refugees, and Societies [R]. 2023.

[209] Thomas Ambrosio. The Rhetoric of Irredentism: The Russian Federation's Perception Management Campaign and the Annexation of Crimea [J]. Small Wars and Insurgencies, 2016, 27 (03).

[210] Thomas Hammes. War Evolves into the Fourth Generation [J]. Contemporary Security Policy, 2005, 26 (02).

[211] Thomas M. Huber. Compound Warfare: A Conceptual Framework [A]. in Thomas M Huber, ed., Compound Warfare: That Fatal Knot [C]. Kansas: U.S. Army Command and General Staff College Press, 2004.

[212] Timothy Thomas. The Evolution of Russian Military Thought: Integrating Hybrid, New – Generation and New – Type Thinking [J]. The Journal of Slavic Military Studies, 2016, 29 (04).

[213] Tom Balmforth, Pavel Polityuk, Terje Solsvik. As Russia

Intensifies Push for Donbas, Ukraine Rules out Ceasefire [N/OL]. Reuters, 2022 – 05 – 21. https://www.reuters.com/world/europe/russiaadvances – ukraines – donbas – mariupol – steelworks – siege – ends – 2022 – 05 – 21/.

[214] Tom Whipple. DeepMind Finds Biology's "Holy Grail" with Answer to Protein Problem [N]. The Times, 2020 – 11 – 20.

[215] Tony Balasevicius. Looking for Little Green Men: Understanding Russia's Employment of Hybrid Warfare [J]. Canadian Military Journal, 2017, 17 (03).

[216] Top 10 Biggest Companies in the World by Market Cap in 2024 [N/OL]. Forbes India, 2024 – 07 – 29. https://www.forbesindia.com/article/explainers/top – 10 – largest – companies – world – market – cap/86341/1.

[217] U.S. Department of Defense. 2023 DoD Cyber Strategy [EB/OL]. 2023 – 09 – 12. https://media.defense.gov/2023/Sep/12/2003299076/ – 1/ – 1/1/2023_DOD_Cyber_Strategy_Summary.PDF.

[218] U.S. Department of Defense. Capstone Concept for Joint Operations Version 3.0 [R]. 2019.

[219] U.S. Department of Defense. Summary of the 2018 National Defense Strategy of the United States of America [R]. 2018.

[220] U.S. Department of State. U.S. – Ukraine Charter on Strategic Partnership [J]. 2021 – 11 – 10. https://www.state.gov/u – s – ukraine – charter – on – strategicpartnership/.

[221] U.S. Naval Institute. UPDATED: Navy's Force Design 2045 Plans for 373 Ship Fleet, 150 Unmanned Vessels [N/OL]. 2022 – 07 – 26. https://news.usni.org/2022/07/26/navys – force – design – 2045 – plans – for – 373 – ship – fleet – 150 – unmanned – Vessels.

[222] U. S. Office of the Under Secretary of Defense. US Department of Defense Fiscal Year 2021 Budget Request Irreversible Implementation of the National Defense Strategy [R]. 2020.

[223] UN Report. The Human Cost of the Syrian Civil War [R]. UN Publications, 2018.

[224] United Nations Security Council. Report on the Protection of Civilians in Armed Conflict [R]. 2019.

[225] United States Department of Defense. DOD Strategy for Defending the Homeland Against Cyber Threats [R]. 2020.

[226] USTR. Office of the United States Trade Representative 2019 Annual Report [R]. 2019.

[227] USTR. U. S. Trade Representative Announces Tariffs on Chinese Goods [N/OL]. 2018 – 07 – 12. https: //ustr. gov/about – us/policy – offices/press – office/press – releases/2018/july/us – trade – representative – announces – tariffs – chinese – goods.

[228] Valery Dzutsati. Geographies of Hybrid War: Rebellion and Foreign Intervention in Ukraine [J]. Small Wars and Insurgencies, 2021, 32 (03).

[229] Valery Gerasimov. The Value of Science Is in the Foresight: New Challenges Demand Rethinking the Forms and Methods of Carrying out Combat Operations [J]. Voyenno Promyshlennyy Kurier, 2013 – 02 – 26.

[230] Vladimir I. Batyuk. The US Concept and Practice of Hybrid Warfare [J]. Strategic Analysis, 2017, 41 (05).

[231] Vladimir Putin. On the Historical Unity of Russians and Ukrainians [N/OL]. 2021 – 07 – 12. http: //en. kremlin. ru/events/president/news/66181.

[232] Yaakov Katz. How the IDF Invented "Roof Knocking" the Tactic that Saves Lives in Gaza [N/OL]. Jerusalem Post, 2021-03-25. https://www.jpost.com/arab-israeli-conflict/the-story-of-idfs-innovative-tactic-to-avoid-civilian-casualties-in-gaza-663170.

[233] Yaakov Katz. Israel's Gaza War is Like No Other Military Operation in History [N/OL]. Jerusalem Post, 2021-05-21. https://www.jpost.com/opinion/israels-gaza-operation-is-like-no-other-military-op-in-history-opinion-668709.

[234] Yearbook 2024: Armaments, Disarmament and International Security [R]. Stockholm International Peace Research Institute, 2024.

[235] Yimin Zhou. A Double-Edged Sword: Russia's Hybrid Warfare in Syria [J]. Asian Journal of Middle Eastern and Islamic Studies, 2019 (02).

[236] Yuriy Danyk, Chad M. Briggs. Modern Cognitive Operations and Hybrid Warfare [J]. Journal of Strategic Security, 2023, 16 (01).

[237] Yuriy Danyk, Tamara Maliarchuk, Chad Briggs. High-tech, Information and Cyber Conflicts [J]. Connections, 2017, 16 (02).

[238] Yuval Harari. Who Will Win the Race for AI? [J]. Foreign Policy, 2019 (231).

[239] Zofia Studzinska. How Russia, Step by Step, Wants to Regain an Imperial Role in the Global and European Security System [J]. Connections, 2015, 14 (04).

[240] Калистратов А. Война и Современность. Современные Войны: Разберемся с Классификацией [J]. Армейский Сборник, 2017 (07).

［241］Костатин Сивков. Во Главе с《пятой Колонной》——часть I［J］. Военно-Промышленный Курьер, 2015（03）.

［242］Костатин Сивков. Приказано оболванить Гибридная война отличается исключительным многообразием методов и форм［J］. Военно-Промышленный Курьер, 2016-02-17.

［243］Президент России. Стратегия национальной безопасности Российской Федерации［EB/OL］. 2021-07-02. http：//kremlin.ru/acts/bank/47022.

［244］Сивков К. Приказано оболванить Гибридная война отличается исключительным многообразием методов и форм［N］. Военно-Промышленный Курьер, 2016-02-17.

后 记

2023年,《华盛顿邮报》观察到一个现象：美国高校计算机专业的毕业典礼耗时越来越长，但人文艺术类学科的却越来越短。2017—2022年，美国选择计算机相关专业的学生数量增长了34%，但同期历史专业下降了12%，媒体和新闻专业下降了20%，英语专业下降了23%。无独有偶，太平洋西岸的中国也呈现类似情况。计算机科学与技术、人工智能、物联网工程等专业持续冲击热门专业排行榜的榜首。从软件开发、系统维护到数据分析，计算机科学与技术专业的毕业生在各行各业都能找到适合自己的发展方向，展现出了强大的应用潜力和市场需求。

2024年诺贝尔物理学奖授予了美国科学家约翰·霍普菲尔德和英裔加拿大科学家杰弗里·辛顿，以表彰他们"通过人工神经网络实现机器学习的基础性发现和发明"。诺贝尔化学奖的一半授予了戴维·贝克，以表彰其在计算蛋白质设计方面的贡献；另一半则共同授予了英国伦敦谷歌旗下人工智能公司"深层思维"（DeepMind）的德米斯·哈萨比斯和约翰·江珀，以表彰其在蛋白质结构预测方面的贡献。人工智能领域的创新成果同时获得两项殊荣，足以体现出其理论价值和实践意义。

上述两个实例展示了新一轮科技革命和产业变革给我们的工作和生活带来的深刻变化。人们原本以为机器最先取代的是体力劳动，却未料想脑力劳动者首当其冲。根据麦肯锡公司的报告《工作的新未来：欧洲及其他地区部署人工智能和提升技能的竞争》：到2030年，在人工智能的推动下，30%的工作时间将实现自动化，从而导致数以百万计的人员进行职业转型；2030—2060年，将会有50%的现有职业被人工智能取代，而且与之前的估计相比，这一过程提前了大约10年。受人工智能影响最大的十大职业包括：客户服务和销售、秘书与行政助理、软件工程和研发、网页与数字界面设计师、内容创作、会计与审计员、口译与笔译员、法律专业人士、新闻工作者、财务分析。

虽然人工智能在某些领域已经取得了显著成果，但人类的创造力、直觉和情感理解等方面仍然是其无法企及的。脑力劳动不仅是逻辑推理和数据分析，还包括对复杂情景的判断和应变。人工智能在模仿这些能力上取得了进步，但要想真正取代人类，仍需克服许多技术和伦理的挑战。毕竟，人类的本质是一切社会关系的总和，人与人之间的情感连接是机器难以理解和替代的。不过，我们依旧要警惕人工智能潜在的安全隐患，尤其是避免人工智能掌握战略决策和武器发射的决定性环节，防止智能化混合战争成为机器操纵的"鱿鱼游戏"。

本书是笔者承担的教育部人文社会科学研究青年基金项目"贸易战背景下中国特色混合战争理论研究"（19YJCZH275）的研究成果，谨此致谢教育部社会科学司。本书在研究写作过程中，中共中央党校（国家行政学院）副教育长高祖贵教授和西安工业大学马克思主义学院吕青教授给予了悉心指导，在此表示衷心感谢。西安工业大学马克思主义学院、西安工业大学科学技术研究院的各位领导和同仁在本人的教学科研道路上提供了宝贵的经验和支持，为本书的完成奠定了坚实的基础，深表谢意。2019年，拙作《Web 2.0时代的非国家行为体与世界政治》由时事出版社出版，本书再次得到时事出版社的审校和帮助，不胜荣幸。

本书付梓之际，恰逢内子与余相识十年。十年间，内子不辞辛劳，全心全意支持研究工作，协助审稿、校改，侍奉双亲，打理家事，为家庭和事业奉献良多。内子与余相识于微，二人互相扶助，携手并进，实是人生一大幸事。去路尚远，执子相谐为盼。

周意岷

于西安工大未央校区

甲辰年十月二十二

图书在版编目（CIP）数据

智能化时代的国际安全范式转型 / 周意岷著.
北京：时事出版社，2025.6. -- ISBN 978-7-5195
-0665-0

Ⅰ.D81

中国国家版本馆 CIP 数据核字第 2025K87R55 号

出版发行：时事出版社
地　　　址：北京市海淀区彰化路 138 号西荣阁 B 座 G2 层
邮　　　编：100097
发行热线：（010）88869831　88869832
传　　　真：（010）88869875
电子邮箱：shishichubanshe@sina.com
印　　　刷：北京良义印刷科技有限公司

开本：787×1092　1/16　印张：15.25　字数：190 千字
2025 年 6 月第 1 版　2025 年 6 月第 1 次印刷
定价：128.00 元

（如有印装质量问题，请与本社发行部联系调换）